母乳哺育のすすめ

新装改訂版

小林美智子
MICHIKO KOBAYASHI

地《ち》湧《ゆう》社

はじめに

「おめでとうございます。元気な赤ちゃんですよ」と助産師さんに、今しがたまで自分の胎内でともに息づいていたわが子を見せられた時、お産という大仕事が終わった安堵感とともに、生まれた子の無事を知って、ほっとします。母親になったという実感は、むしろそのあとに出てくるように思われます。

お産が終わって母子ともに一休みしたあと、猛烈な食欲で泣きはじめたのを、まるで壊《こわ》れ物でも抱くかのようにぎこちなく、全神経を集中させて両の腕に抱き、当然のように吸いついてくるわが子に自分の乳首を含ませて、子が上手にそれをとらえ飲みはじめた時に、身体の底のほうから言うに言われぬ熱いものが突きあげてくるのを、子を産んだ女性なら誰もが感ずるのではないでしょうか。

「ああ、母親になったのだな!」と。

そして、この小さな生命を自分が預かって育てていかねばならぬ母でありつづけることの責任の重さのようなものを、両の腕にずっしりと実感するのです。

文明化が進み、社会環境、生活環境も著しく変化し、人々の価値観も多様化した現代において、私たちは変えなければならないことと、変えてはいけないことをはっきりと見極めなければならないと思います。この地球上に人類が現れた時から、子を産んだ女性が母乳で子どもを育ててきたことは、ごく当たり前で自然なことです。どんなに社会が変わろうとも、人生の始まりは母乳哺育。いかなる時代になっても、地球上に人類が生きつづける限り、これは変えてはいけないことの一つであると思われます。

人間の子は生物学的にヒトとして生まれ、社会で生きる人に育てられなければなりません。少子超高齢社会の日本において、次の世代を担う子どもたちを、戦争のない平和な社会を創っていけるような人間に育てることは、親をはじめとして私たち大人に課せられた義務であり、責任です。その責任を果たすために、まずしなければならないことは、健康な心と身体をもった子どもを育てることです。このためにも母乳哺育が非常に大切です。

一生を、時代の波に流されることなく母乳一筋に生き、お母さんたちの母乳育児の手助けと助言をしつづけてこられた一人の開業助産師、桶谷そとみ先生のお仕事を紹介し、一人でも多くのお母さんが自分の赤ちゃんを母乳で育てるようにと願って、この小冊子を世に出していただいてから四半世紀が過ぎ、桶谷先生が亡くなられて六年が経ちます。

その四半世紀のあいだにどのような変化があったのか、一小児科医師として母乳哺育推進に関わってきて、次の世代の人たちにバトンを渡すのに、書き直しや加えておきたいことなどを著す機会をいただきました。人間が人間である限りその基盤となると言っても言い過ぎではない、母乳で育てることを、あらためて考えてみたいと思います。

母乳哺育のすすめ◉目次

I

女性にとって母乳哺育とは

第一の陣痛

与謝野晶子

わたしは今日病んでゐる、
生理的に病んでゐる。
わたしは黙つて目を開《あ》いて
産前の床《とこ》に横になつてゐる。

なぜだらう、わたしは
度度《たびたび》死ぬ目に遭《あ》つてゐながら、
痛みと、血と、叫びに慣《な》れて居ながら、
制しきれない不安と恐怖とに慄《ふる》へてゐる。

若いお医者がわたしを慰めて、
生むことの幸福《しあはせ》を述べて下された。
そんな事ならわたしの方が余計に知つてゐる。
それが今なんの役に立たう。

知識も現実で無い、
経験も過去のものである。
みんな黙つて居て下さい、
みんな傍観者の位置を越えずに居て下さい。

わたしは唯だ一人、
天にも地にも唯だ一人、

じつと唇を噛みしめて
わたし自身の不可抗力を待ちませう。

生むことは、現に
わたしの内から爆《は》ぜる
唯だ一つの真実創造、
もう是非の隙《すき》も無い。

今、第一の陣痛……
太陽は俄《には》かに青白くなり、
世界は冷やかに鎮《しづ》まる。
さうして、わたしは唯だ一人……

医学が進み、出産時母体の生命に対する危険は少なくなりましたが、昔から、新しい命を産み出すことに女性は命を賭けてきました。

陣痛が始まり胎児が生まれ出るまでのあいだを、どのように過ごしたかを思い出します。周りのものすべてが静止した静けさの中で、陣痛の痛みに耐え、ふと感じたのは産むことの寂しさでした。死に逝く時には、もっと凝縮した寂しさを感ずるのでしょうか。自分がその寂しさに耐えられたのは、今まさにこの世に生まれ出ようとしている〝新しい命とともにある〟という実感でした。

生まれた小さな命を腕にした時、歓びが湧きあがり、〝よく生まれてきたね、待っていたよ〟といとおしく思い、かけがえのない宝物を抱いて、ごく自然に乳房を含ませました。口に触れた乳首にすぐに吸いつき、勢いよく飲みはじめたわが子に驚き、一体感を強く感じました。

何人産んでも、お産は一回一回異なります。兄弟でも一人ひとり違います。

おっぱいの飲み方も、その子の性質がわかるほどに違います。すごい勢いで飲む子も、ゆっくりと飲む子もいます。そのような違いを大切にしていくことが育児の基本です。子育てには決まった方程式があるわけではありません。物事の進め方に対して、すべてマニュアル化が進んでいる現代の日本では、マニュアルのない子育てが、不安の種になるお母さんが増えています。

子どもが心身ともに健やかに育つことは、何にもまして大事なことです。それを踏まえていれば、育児は、お母さん自身があたかも新しいキャンバスに一枚の絵を描くような、もっともやりがいのある創造活動だといえます。自分自身を成長させながらの、描き直しのきかない創造活動です。とはいっても、難しく考えることはないのです。赤ちゃんと自分に合ったやり方で、育児は進めていけばいいのです。おっぱいを飲ませる時も、時計とにらめっこして何分間飲ませるというのではなく、赤ちゃんが満足するまで飲ませられれば、一番いいのです。

赤ちゃんがどんなふうにおっぱいを飲むのか、（赤ちゃんが欲しがる時に欲しがるだけ飲ませるのを自律哺乳といいますが）調査しました。欲しがる間隔も、毎回飲む母乳の量も違いますが、平均すると、約三時間間隔になり、量も全体量で見ますとほぼ毎日決まった量を飲んでいました。

お母さんと赤ちゃんの母乳哺育のリズムができるまで、赤ちゃんが欲しがる時に欲しがるだけ飲ませると、生後三か月ごろ自然に、時計で測ったように、約三時間間隔で飲むようになります。ただ予定より早く産まれて体重の少ない赤ちゃんや、生まれつき何か障がいをもって産まれてきた赤ちゃんの場合には、赤ちゃんが飲みたい時に飲ませるのではなく、適切に飲めるようなケアが必要です。

日本のような近代化され制度の整った福祉国家では、母乳哺育は子を産んだ女性ならば、特に理由がない限り、学歴や経済状態に関係なく誰にでも平等にできる行為です。十分な量の質の高い母乳哺育を約一年間つづけることは、母親自身自らの生活を律していくことにつながります。母乳哺育は、母と子にとっての健康増進（ヘルスプロモーション）に欠くことができません。良く生きるためには、心身ともに健康でなくてはなりません。子を産み育てることで、女性自身の人間性が成熟していきます。母乳で育てることは、母親自身を、育児に耐えられる身体と心につくっていくのです。

私は、一九六〇年代に小児科医としてスタートしました。日本が高度経済成長に突入し、社会が急激に変わっていった時代です。ちょうど東京オリンピックのころで、先進国に追いつけ追い越せと国をあげて活気づき、女性も労働力として、大きな期待とともに社会に進出しました。女性が社会に出て、男性と同等な権利をもって共に働くことは、すばらしいことです。が、女性には、男性と同等に働くことのほかに、未来の社会を担う新しい生命、子どもを産み育てるという、男性にはできない、人類にとって大切な役割があることを忘れてはなりません。

牛乳からつくられる人工乳も質が良くなり、粉ミルクとして手軽に使えるようになった時代でした。母乳でなくても粉ミルクで十分育つと、母乳で育てられる赤ちゃんはどんどん少なくなり、母乳哺育率は三〇％にまで落ちました。そんな状況の中で、駆け出しの小児科医として大学病院で多くの病気の子どもを診ているうちに、〝病気を治すのは医師の仕事だが、健康な子どもを育てることも大切ではないだろうか〟と思うようになりました。子どもが健康に育つために大切なことはいくつかありますが、自分自身の出産もあり、その一つは、母乳で育てることではないかと思うにいたりました。そして生まれてくる子どもが心身ともに健やかに育つように、〝母乳で育てる〟ことを勧めていこうと、次第に母乳哺育推進に関わることになりました。

一九七五年、保健所の医師となり地域に出ました。保健所は公衆衛生の現場で、皆さんの健康と安全を守り、安心して生活できる環境を考え保つ行政機関です。まだ少子超高齢社会ではなく、生まれてくる赤ちゃんも多い時代でした。すばらしい自然の中で子どもが生まれ育ち、社会人として生き、やがて老いて死を迎えた時、〝生まれてきてよかった〟と思えるような地域づくりを目指し、皆さんとともに取り組んできました。

ＷＨＯは、一九七四年に母乳哺育に関する勧告を出しました。それを受けて日本でも、旧厚生省が、一九七五年に〝母乳で育てましょう〟運動を始めました。①出生後一・五か月までは母乳のみで育てよう、②三か月まではできるだけ母乳のみでがんばろう、③四か月以降でも、安易にミルクに切り替えないで育てよう、という母乳哺育推進運動（三箇条運動）のキャンペーンを始めたのです。

一度少なくなった母乳哺育を増やしていくことはなかなか大変です。〝なぜ、母乳で育てることが大切なのか〟。育てるお母さんばかりでなく、地域社会全体が母乳哺育の大切さを正しく理解し、お母さんが安心して母乳哺育ができる環境を整えていかなければ、運動の成果は期待できない。この思いから、〝母乳哺育〟を保健所管内の主要事業として、関係する皆さんと一緒に取り組みはじめました。

Ⅱ

母乳はこんなに良いものです

「母乳哺育」は、その子の生涯の健康を左右します。「母乳」そのものがすばらしいのですが、母乳を乳房から直接飲む母乳哺育が人間の子にとってどんなに重要であるかが、わかってきました。母乳を搾ってビンに入れて飲ませたのでは、母乳の良さは半減します。母乳哺育の良さを見てみましょう。

母乳は赤ちゃんに一番合った食べ物

母乳は人間の子が生まれて初めて口にする自然な食べ物です。人間の赤ちゃんは、生理的早産児といわれますが、他の哺乳動物に比べてとても未熟な状態で生まれます。食物の消化吸収や、腎臓の働きも未熟です。母乳は赤ちゃんの胃や腸から吸収しやすいように、また腎臓に負担のかからないようにできています（表1）。

自然界には高等な動物ほど、成熟する（人間でいえば大人になる）までの時間がかかるという原則があります。人間の子どもは他の哺乳動物に比べて、出

表 1　哺乳動物の乳汁の化学的成分

〔小林登：母乳保育の人間生物学
小児医学 10(2)：81 医学書院，1977〕

	水	タンパク質	脂肪	糖	ミネラル(灰分)
ヒト	88.0	1.2	3.8	7.0	0.2
アカゲザル	88.4	2.2	2.7	6.4	0.2
オランウータン	88.5	1.4	3.5	6.0	0.2
ウシ	87.0	3.3	3.7	4.8	0.7
イヌ	76.3	9.3	9.5	3.0	1.2
ネコ	81.6	10.1	6.3	4.4	0.7
ウサギ	71.3	12.3	13.1	1.9	2.3
ネズミ	72.9	9.2	12.6	3.3	1.4
インドゾウ	70.0	3.6	17.6	5.6	0.6

表２　各動物の成長速度，乳組織，在胎期間，寿命についての比較

種	出生時体重が２倍になる期間（日）	乳成分		在胎期間（日）	寿命（年）
		蛋白質（%）	ミネラル（%）		
ヒト	90～120	1.2	0.2	280	80
サル	75	1.7	0.4	280	20
ウマ	60	2.0	0.4	340	40～50
ウシ	47	3.4	0.7	285	20～25
ヤギ	19～22	3.6～4.3	0.8	154	12～16
ブタ	14～18	5.2～5.9	0.81	120	16
ヒツジ	10～15	4.9～6.5	0.9	150	—
イヌ	8～9	7.1～9.5	1.34	63	10～12
ネコ	7～9.5	7.0～9.5	1.02	53	9～10
ウサギ	6	10.4～13.4	2.5	28	5～7
ネズミ	5	—	—	21	3～3.5

生体重が二倍になるまでの日数がもっとも長く、母乳の蛋白質ミネラルも、それに合った組み合わせになっています（表2）。また蛋白質をつくるアミノ酸も、人間の赤ちゃんの腸管から吸収しやすいアミノ酸です。

母乳育ちは病気にかかりにくい

お母さんの子宮の中は無菌状態です。雑菌の多い世の中に生まれ出てくる赤ちゃんは、とても無防備な状態にあります。

私たちの身体には体外から病原菌やその生成物が入ってくると、それを殺したり無毒化しようとする防御能があります。体内に入ってきた異物は抗原と呼ばれます。身体はこれに応答し抗体という物質をつくります。このようにある抗原に抗体ができ、防御能が完成しますが、これを免疫ができたといいます。生後間もない赤ちゃんは、抗体をつくる働きが未熟で不完全です。

感染に対して抵抗力のない赤ちゃんが自力で抗体をつくるようになるまで、

三つの方法で赤ちゃんは外界から守られています。一つめは母胎内で、母親から臍帯血を介して免疫物質をもらうことによります。

二つめは、母乳を飲んで、抗体を得ることです。母乳の中には、抗体（免疫グロブリン）が含まれています。特に初乳にはたくさんの分泌型IgAという抗体が含まれています。初乳を飲むと、腸管粘膜に免疫物質がちょうどペンキを塗ったようにくっついて、病原性のある大腸菌などの細菌から赤ちゃんを守ります。また母乳哺育の赤ちゃんの腸管内では、ビフィズス菌が繁殖して腸管内が酸性に傾くことによって、腸内の病原菌や雑菌類の繁殖が抑えられます。このため腸管内の醱酵も少なくなり、伝染病や消化不良にもなりにくいのです（図1）。生後五日目の赤ちゃんの腸内細菌を調べてみますと、母乳哺育ではビフィズス菌が多いのですが、人工栄養では他の雑菌が母乳哺育に比べて十倍も多いといわれます。

三つめは、お母さんのもっている常在細菌叢（いろいろな細菌の集まったもの）

図１　栄養法別罹患状況

（厚生省母乳研究班　昭和 50〜52 年）

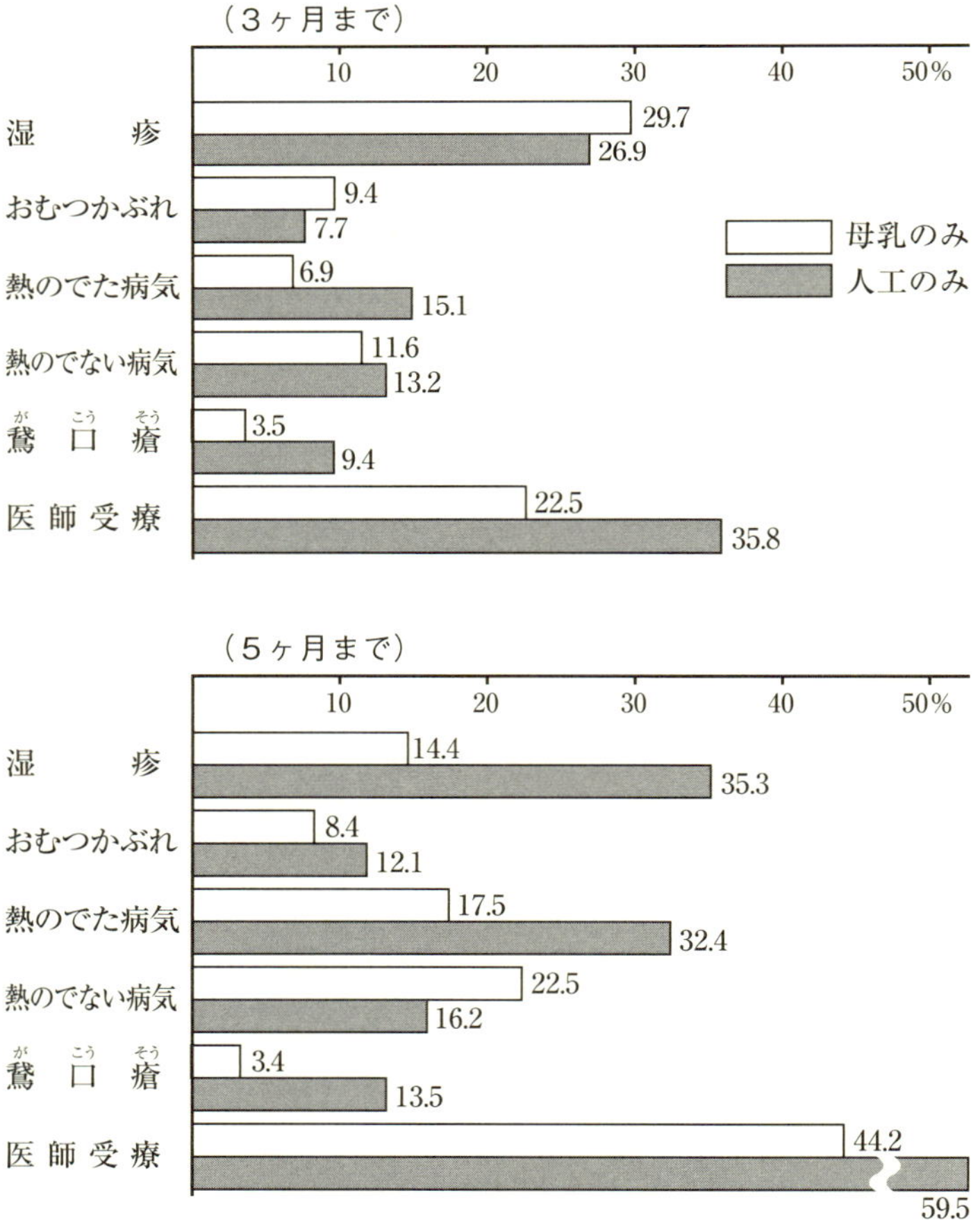

をもらうことによります。私たちは誰もが、口腔、鼻腔に、普通は病気のもとにはならない（非病原性）常在細菌叢をもっています。非病原性の常在細菌叢というのはその人に固有のもので、病原性のある細菌が体内に入ってくることを防ぐ役割をします。母乳を飲ませる時には赤ちゃんを胸に抱きますが、お母さんの顔と赤ちゃんの顔との間隔はおおよそ三〇センチ前後です。この位置で母乳を飲ませたり話しかけたりしますと、お母さんがもっている常在細菌叢が赤ちゃんに伝えられます。

このような理由から母乳を飲むことはもちろん大切ですが、直接赤ちゃんを抱いて飲ませることが大事なのです。赤ちゃんにはたくさん話しかけ、ほおずりしてやってください。もちろんお母さんが病気にかかっている時は別ですが。

アレルギー体質の予防

前に述べたような抗原と抗体が合わさって起こる反応を、抗原抗体反応といいます。普通は身体に有益な反応なのですが、時には身体にとって良くない反応を起こす場合があり、これを過敏症（アレルギー）反応といいます。そしてアレルギー反応を人より多く起こしすい体質をアレルギー体質といいます。抗体がアレルギー反応を起こす身体の場所によって、じん麻疹や喘息、鼻炎などいろいろの症状が起こります。

母乳を飲ませることは、腸管からの抗原の吸収を防ぐことを遅らせる効果があります。牛乳の蛋白は、人間にとってなじみの少ない蛋白です。牛乳を原料にしてつくられる粉乳を、生まれて間もない時から赤ちゃんに与えますと、アレルギー反応を起こしやすい体質になりがちです。母乳中には、アレルギー疾患を予防する成分が多く含まれています。

母と子の絆を強め情緒の安定した子をつくる

乳児健診をしていても、母乳育ちの多い日は会場はとても静かです。お母さんもイライラせず落ち着いて見えます。反対にミルク育ちが多い日は、大衆浴場のように騒然としていて、赤ちゃんもよく泣くようです。

母と子のつながりは、子どものその後の情緒の発達や人格形成に大きな影響を与えます。生まれてすぐの赤ちゃんは、刺激を受け取るだけでなく、母親に対して働きかける能力をもっています。肌と肌との触れあい、すなわち触覚を通して、目と目の見つめあい（視覚）、語りかけ（聴覚）、おっぱいの匂い（嗅覚）など五感を介して、お互いに刺激のやり取りをし、母子の結びつき（母と子の絆）を強めていきます。

この母から子へ、子から母へと刺激をやり取りすることを、母子相互作用といいます。母子相互作用で子どもの心身が発育し、母親の母性が健全に育っていくのです。母乳哺育をしますと、母子相互作用が自然に起こります（図２）。

図2

（『母とこのきずな』Klaus & Kennell 著
竹内徹訳, 1979 より引用）

私たち人間は、日周リズム（二十四時間リズム）で生きています。地球の自転の中で育てられた生物体であるあかしとして、体内に生体時計をもっているのです。脳（視床下部の視交叉上核と松果体）や目の網膜の細胞に、生物時計が存在しているといわれます。赤ちゃんの体内時計のスイッチを入れ、規則正しく動かす役割もお母さんがします。お母さんの生体リズムを崩さないように母乳哺育をしますと、赤ちゃんの生体リズムも順調に動きはじめます。母の胸に抱かれて母乳を飲みながら、子どもは健康な身体と人を信じる心を育てていきます。

母乳を直接飲むと顎が発達する

生まれたての赤ちゃんは頭でっかちです。顎は生まれてから発達します。上顎、下顎と舌を使って、お母さんの乳房から直接飲む哺乳を行うことによって、赤ちゃんの顎の筋肉は発達します（図3）。いろいろなものを噛んで食

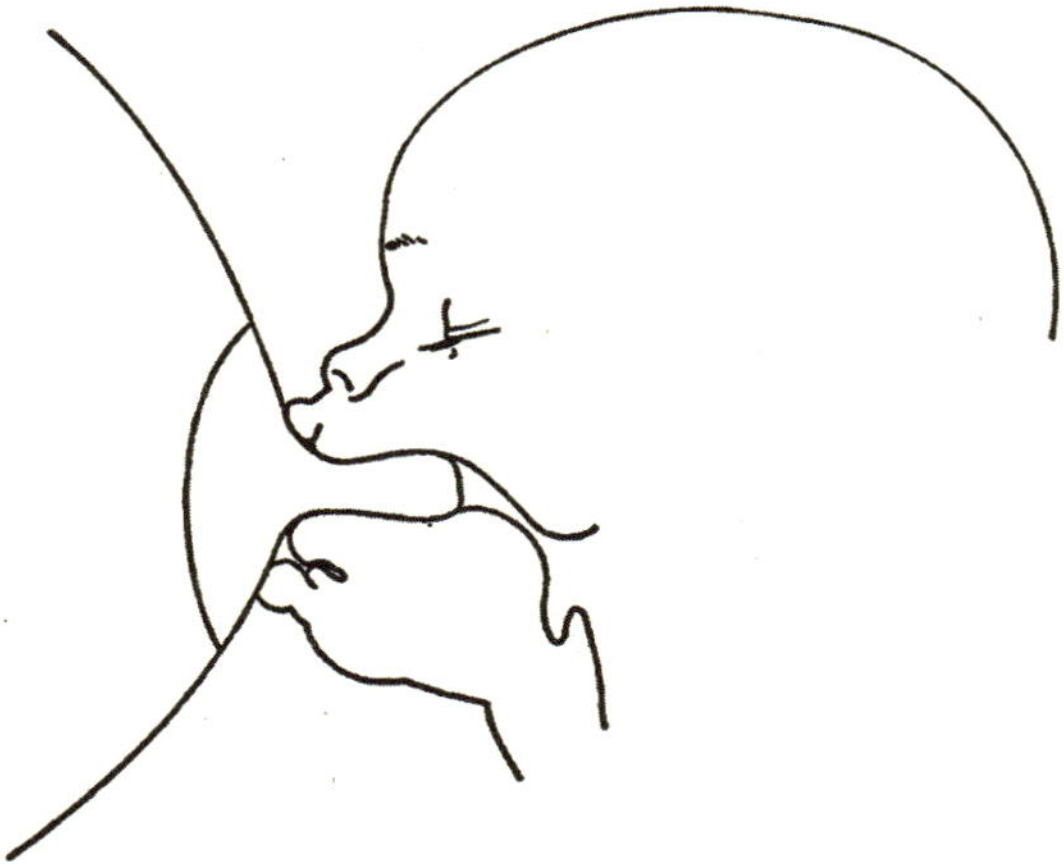

図3−1　母乳哺育時の舌と顎の位置

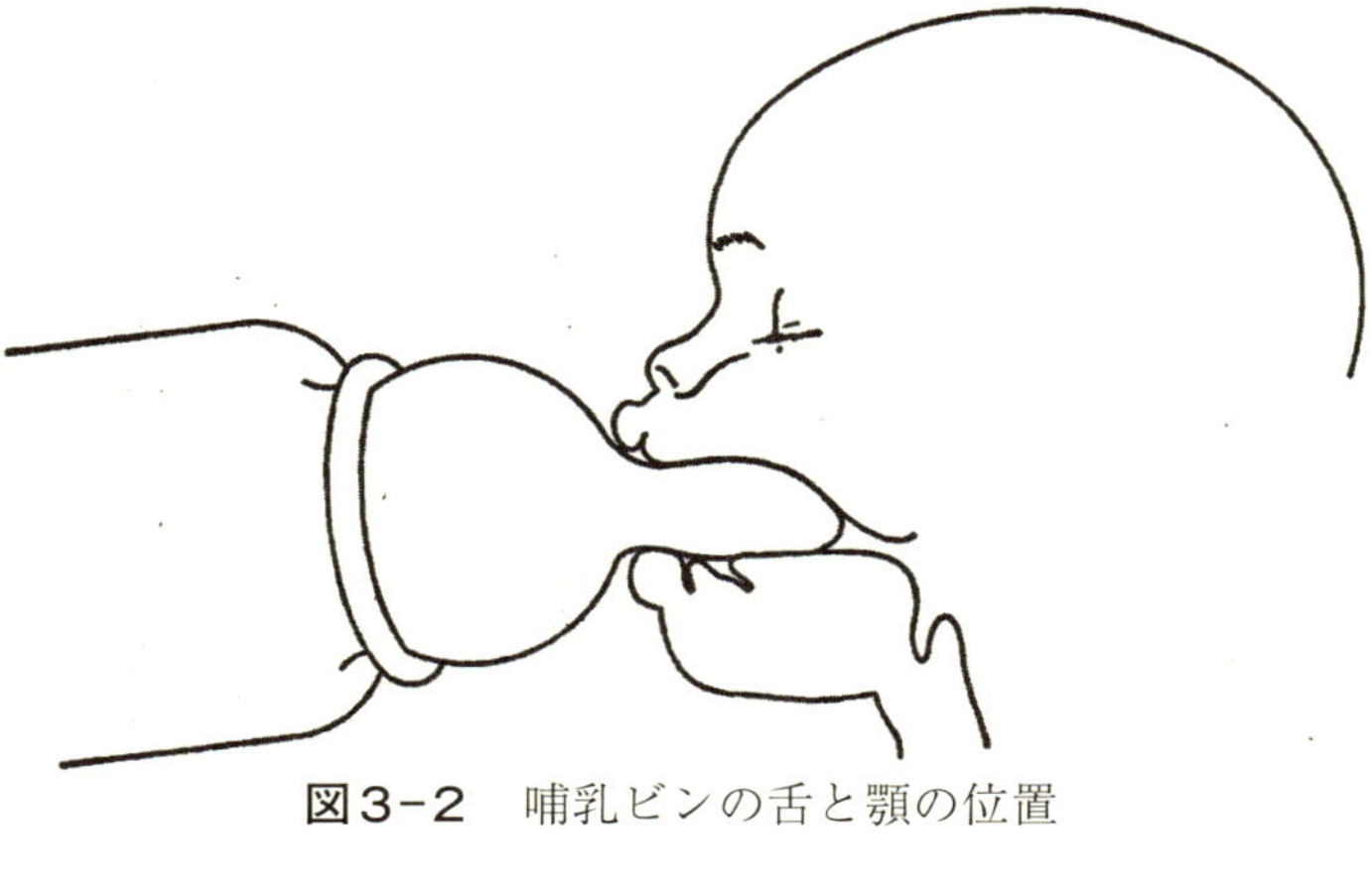

図3−2　哺乳ビンの舌と顎の位置

べ（咀嚼）、飲みこむ食事の前段階として顎の発達は大切です。また、直接哺乳は言葉を話すことにも影響するといわれます。

適温で消毒の必要もなく経済的

お母さんの乳房から出てくる母乳は、熱すぎもせず冷たくもない人肌です。ビンから飲むミルクのように、水で冷やしたり湯せんをしたりする必要はありません。乳輪部乳頭をいつもきれいにしておけば、特に消毒綿でふく必要もありません。お母さんが健康ならいつでもどこでも、安心して飲ませられるのが母乳です。母乳はお金には換えられません。

母体を健康にし、母性が健全に育つ

母乳は乳汁産生ホルモン（プロラクチン）、オキシトシンなど、多くのホルモンの作用を受けてつくられます。小児の守り神といわれた故内藤寿七郎先生は、〝育児に必要なのは、気力、体力、忍耐力です〟とよくいわれましたが、母乳哺育をすることによってホルモンの分泌が盛んになり、食欲も出て母体はより健康になります。育児に耐えうる身体がつくられるのです。

一日に幾度となく胸に抱き母乳を飲ませているあいだに、お母さんは自分の子をよく見ています。耳の裏に小さなほくろがあるようなことまで気づくのです。初めのうちは泣くと、〝おっぱい、おっぱい！〟と言っているようで、ひっきりなしに飲ませていたのが、次第におっぱいだけではなく、〝眠たいよう！〟、〝お尻が気持ち悪いよう！〟、〝ひとりぼっちはいやだよう！〟とわかるようになってきます。きっと自分の子だからわかるのでしょう。このように母乳哺育をしていくと、母性は、自然に健全に育っていきます。

最近母乳を飲ませながら、携帯電話で、話をしているお母さんを見聞きします。お母さんが他に気を取られますと、赤ちゃんはおっぱいが飲みにくいと嫌がります。母乳を飲ませる時、お母さんが哺乳に気持ちを集中することが大切です。お母さんとの一対一の関係が、その赤ちゃんの未来の、人に対しての一体感、無限大にもなりうる人間関係の基盤になるのです。

母乳哺育で注意しなければならないこと

(1) 母乳性黄疸のこと

母乳で育てられた赤ちゃんに、時々新生児黄疸が長くつづくことがあります。母乳性遷延性黄疸といいますが、脳の発達に影響を与える核黄疸という病気になるようなことはまずありません。母乳哺育をつづけていても心配ありません。

医師によっては、しばらく母乳をやめるようにということもあります。その場合には、また母乳を飲ませるまでにしこったり出なくなったりしないよう搾乳して、乳房管理をすることが大切です。

(2) 母乳哺育と感染症のこと

お母さんが、風邪にかかった時、授乳をやめる必要は特にありません。授乳前に手洗いを念入りにしましょう。咳がある場合には、マスクをしましょう。冬場に流行するウイルス性の胃腸炎（ロタウイルス、ノロウイルス）にかかった場合でも、授乳は通常どおり可能です。母乳中にはこれらのウイルスに対する特異的IgA抗体が含まれていて、ひどい症状にならないよう赤ちゃんを守っています。

インフルエンザにかかった場合、ウイルスは母乳中には出ませんが、授乳でお母さんと赤ちゃんは接触しますから感染の可能性は大きくなります。これは人工乳の場合でも同じともいえます。お母さんがインフルエンザと診断されるころには、母乳中に感染防御因子だけでなく、インフルエンザに対する特異的抗体も含まれています。お母さんがインフルエンザにかかっても、授乳はつづけていいのです。

お母さんだけがつくる免疫物質や特異的抗体などを、母乳を通して与えることができるのです。前述しましたが、お母さんは赤ちゃんの世話をしたり授乳したりする時はマスクをし、よく手洗いをすることが大切です。薬は、かかりつけの医師の指示にしたがって用いるようにしてください。

なお、次のようなウイルスは、母乳を介して感染します。

HIV（ヒト免疫不全ウイルス）感染

HIV感染症が発症すればエイズになります。お母さんから赤ちゃんにHIVがうつることを、垂直感染といいます。母乳哺育には垂直感染が起こる危険がありますから、人工乳を勧めます。母乳以外に栄養源を求められないアフリカの一部のような地域を除いて、HIV陽性の母親の母乳哺育は、HIV母子感染対策のうえから避けたほうがいいと考えられています。

HTLV-1（成人T細胞白血病　ATL）感染

HTLV-1は、成人T細胞白血病（adult T-cell leukemia: ATL）の原因ウイ

ルスです。母乳から感染します。中年過ぎて発症する、大変予後の悪い特異な白血病です。HTLV-1感染者（キャリア）の分布には、地域特異性があります。九州の西南部、沖縄、四国、紀伊、三陸、東北、北海道に多く見られます。これらのキャリアの中から成人T細胞白血病が発症します。

母乳による感染率は高いのですが、母乳栄養は母子にとってメリットも大きいので、母乳を与えながら感染を防ぐ方法が検討されてきました。

HTLV-1は、母乳中の生きた感染リンパ球を介して感染します。母乳をマイナス二〇度で十二時間凍結しますと、感染力は低下するといわれています。感染率を見ますと、人工栄養二・五～五・七％、六か月未満の母乳栄養二・五～六％、七か月以上の母乳栄養一三・七～二五％という調査研究があります。短期間の母乳哺育児では、胎盤を通して移行したHTLV-1抗体が感染を予防する効果をもつと考えられますが、長期間では抗体が減少し、生後五～六か月以降は感染の危険性が高まると推測されます。HTLV-1

感染者（キャリア）の母親は、栄養方法について、人工栄養、凍結母乳、短期（三か月以内）母乳育児の中からお母さん自身が選べます。どの栄養法を選んでも自信をもって赤ちゃんを育ててください。

お母さんと赤ちゃんの健康管理は、主治医に相談しながら進めていってください。ＨＴＬＶ-１感染症に限らず、他の病気に関しても正しい知識と的確な対応が必要です。

Ⅲ

子を産めば、誰でも母乳は必ず出ます

母乳哺育をあきらめないで

お母さんになった人は、特別な理由がない限り、みな母乳で赤ちゃんを育てたいと願っています。

「赤ちゃんが生まれたら母乳で育てたいと思う人は？」、母親学級に参加している未来のお母さんたちに問いかけますと、全員の手がいっせいにあがります。

「では、赤ちゃんが生まれたら、自分が母乳で育てられると思う人は？」

手のあがる数はぐっと少なくなります。

「どうしてですか？」

「おっぱいが、小さいから十分に出ないんじゃないかしら」

「乳首がへこんでいるので」

「産休明けに職場復帰しなければならないので」

「双子で、とても足りると思いません」などなど。

妊娠中は誰もが生まれてくる子を母乳で育てたいと願っています（九〇％以上）が、出産後一か月母乳で育てているお母さんは、四人に一人というのが現実です。母乳哺育をやめた理由はさまざまです。

「お産した病院で、初めからミルクを足すように言われたので」

「飲ませてみましたが、なかなか上手におっぱいを飲んでくれなかった」

「周りから、〝ほら、泣いてる、おっぱいが足りないんじゃないの〟、ミルクを足したほうがいいよと言われて」

「おっぱいが。なかなか張ってこないので」

妊娠中の願いに反して、いろいろな理由から、多くの母親が母乳哺育をあきらめています。どうしてこんなに母乳哺育が難しくなったのでしょうか。

お母さんたちの努力の足りなさを責めるだけでは解決できない問題です。少子高齢化、生活の合理化、生活習慣、家族構成、働く母親が増えたことなど、母と子をとりまく社会環境の影響を見逃すことはできません。こういう時代だからこそ母乳哺育の良さと必要性をあらためて強く言わなければならないのでしょう。やる気があれば母乳哺育は誰にでもできるのだということを、実際に実行可能な方法を、一人ひとりのお母さんに合ったやり方で示さなければならないのだと思います。

「母乳は、出るものであり、また、出すようにしなければならない」と考え、生涯を母子の心身の健康を願って、お母さんたちの母乳哺育の手助けのために過ごし、母乳哺育の実際的方法の確立に努めた開業助産師がいました。

桶谷そとみ先生がその人です。

桶谷そとみ先生と桶谷式乳房管理法

桶谷そとみ先生は、一九一三年に富山県高岡市に生まれ、助産師として戦前からお母さんたちのおっぱいの面倒をみていました。結婚後中国東北部(旧満州)へ渡り、敗戦後日本へ引き上げてくるまでのあいだに、大人たちは飢え、乳児にはミルクもなく、母乳の出ない大勢のお母さんたちが、身を裂かれる思いで赤ちゃんを見殺しにせざるをえなかった状況を目のあたりにしました。

先生はこれらの体験を通して、助産師の仕事は、子どもをとりあげるだけでは責任を果たしたといえないのだ、と思うにいたりました。子どもを産んだ母親がすべて、自分の母乳で、自分の産んだ子どもを育てるようにしなければならない。子どもをとりあげるだけでなく、母親がどのようにしたら良い母乳を出せるようになるか取り組んでみようと決心しました。

それから、お母さんの生きた乳房の生態の観察と、いかにしたら母乳が出るのかという問いへ、先生は素手での挑戦を始めました。お母さんの乳房の状態を念入りに触診し、どこをどのようにしたら母乳の分泌が良くなるのか、お母さんに苦痛を与えずにそれができないものか、この思いが現在の桶谷式乳房治療手技を確立させました。

桶谷そとみ先生

先生は富山県高岡市で小さな〝ちち治療院〟を長い間開業しましたが、いつも、母乳の出を良くしたいというお母さんたちでいっぱいでした。先生の手技を受けるとおっぱいの出が良くなり、赤ちゃんは喜んで飲み、良く育つのです。乳房に手をかけ触り、一人ひとりのお母さんに的確な子育てのアドバイスをしました。手技を受けたお母さんが、先生の手技を後世に遺してほしいと、署名運動を起こしました。このようなことがきっかけとなり、桶谷式手技の研鑽会ができました。そして全国から多くの助産師が手技を学びに桶谷先生の治療院を訪れました。

高齢になられた先生は、娘さんが住んでいる所に近い大阪府泉南市に転居され〝桶谷式研鑽会研修センター〟を開設しました。本格的に助産師を対象に桶谷式の研修指導にあたられたのです。二〇〇四年一月、九十一年の生涯を終えられるまで、正月以外休み無しでお母さんたちの乳房のケアに取り組んでいました。先生が亡くなられたあと研修センターを東京に移し、桶谷式の研修をつづけています。桶谷式認定者は四百名を越え、全国各地で、桶谷式手技を行い母乳で子を育てたいお母さんを支援しています。

桶谷先生は生前手技をしながら、お母さんたちによく言っていました。

〝自分のおっぱいをよく知ること、出てくる母乳の色をよく見て、どんな味か味わって、いつもおいしいおっぱいを赤ちゃんに飲ませるように〟。先生は、お母さんの乳房の状態の変化が乳汁を飲む乳児の成長発達に深い関係があること、乳房の状態を健康に保ち、出てくる母乳を良くすることで、それを飲む乳児が健康に育つばかりでなく、母親の健康にもつながることを「母子一体性の原理」といって桶谷式乳房治療手技の原理としました。母乳育児が、母と子の健康な絆をごく自然につくり強めていくのです。

では桶谷式乳房治療手技とはどんな手技なのでしょうか。

桶谷式乳房治療手技について

従来から産婦の張り乳に対してちちもみ、乳房マッサージが行われてきました。このやり方はおおむね四本の手指を伸ばして、乳腺を、らせん形を描いてなでたり、しこりがあれば、もみほぐしたりするものでした。桶谷式手技は、従来の乳房マッサージとは根本的に考え方、やり方が違います。乳汁をつくり出す乳腺細胞は、「もんだり」「こねたり」「さすったり」せず、保護しなければならないというのが先生の考え方です。

桶谷式手技では、乳房と大胸筋との境界部を基底部と呼びます。この部位が大胸筋に対してくっついたようになっていると乳汁分泌が不良になります。また、そのような状態では乳頭、乳輪部は硬く伸縮性が悪いため、授乳の時赤ちゃんはうまく口で乳頭をとらえることができません。無理に飲ませようとしますと、乳頭亀裂の原因になります。この基底部を術者の手指・手掌により伸展させますと、乳汁の流通が良くなるとともに、乳頭、乳輪部の伸びも良くなって、赤ちゃんは母乳を飲みやすくなります。

桶谷式手技は乳房の生理的な本来の輪郭部位で手指・手掌を用いて、乳房の基底部の伸展性を良くする手技です。（図4）桶谷先生は、手技によって「おっぱいの奥をあける」と表現しています。解剖学的に見ますと、基底部は結合組織からなっています。桶谷式手技は乳房の結合織マッサージなのです。

桶谷式手技は、七つの手技操作と搾乳から成り立っています（写真）。七つの基本的手技操作は、乳房を良くするために、すなわち母親のために、搾乳は、乳頭の変形などを矯正して赤ちゃんが飲みやすくなるように行うのです。手技のうえでも母子一体性が活かされています。仰臥位でするこの手技は、お母さんが自分で行うことはできません。専門の助産師さんにやってもらうことが必要です。

桶谷先生は、「直立二足歩行をし、文化をもった人間だから、乳房のトラブルが起こるのです。他の哺乳動物は、四本足で乳房は下垂していることから基底部がくっつくことはないのです。人間には乳房のケアが必要なんです」とよく言われました。

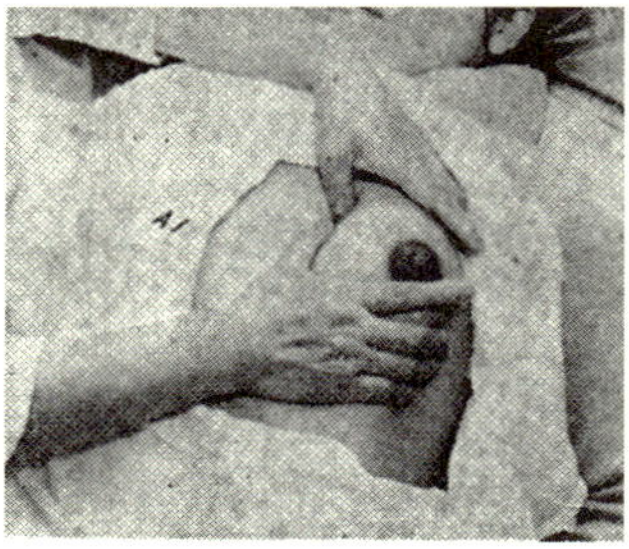

A-1

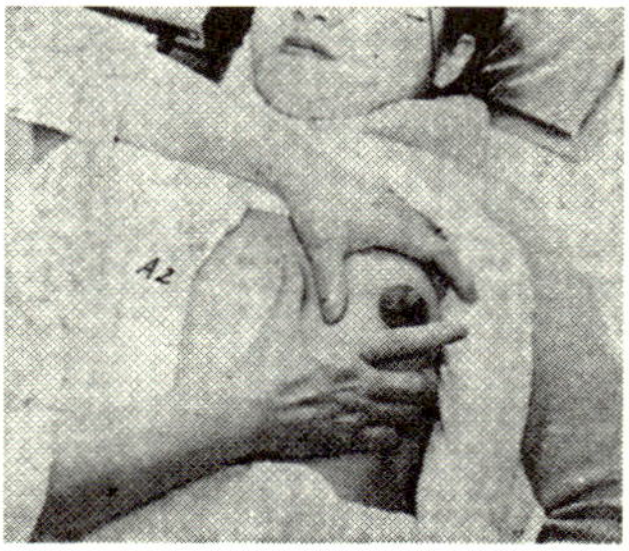

A-2

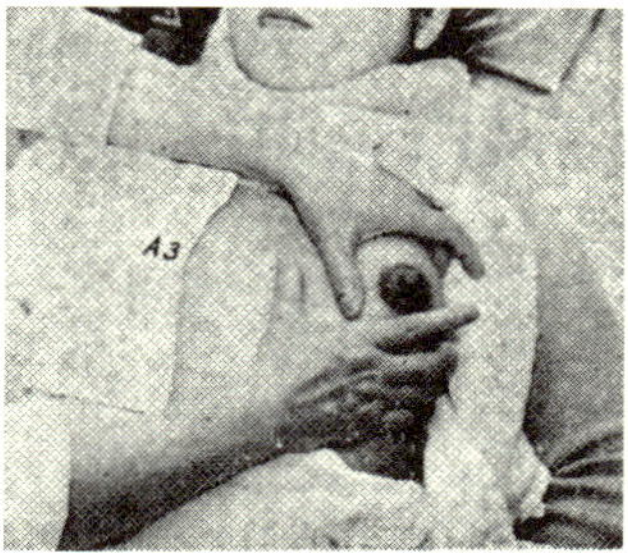

A-3

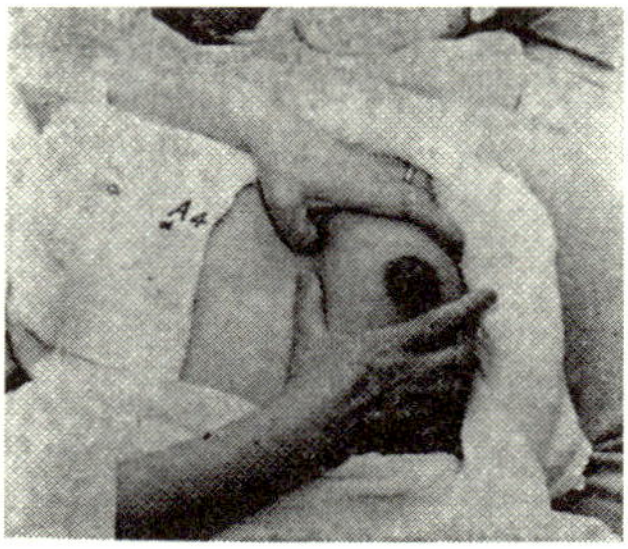

A-4

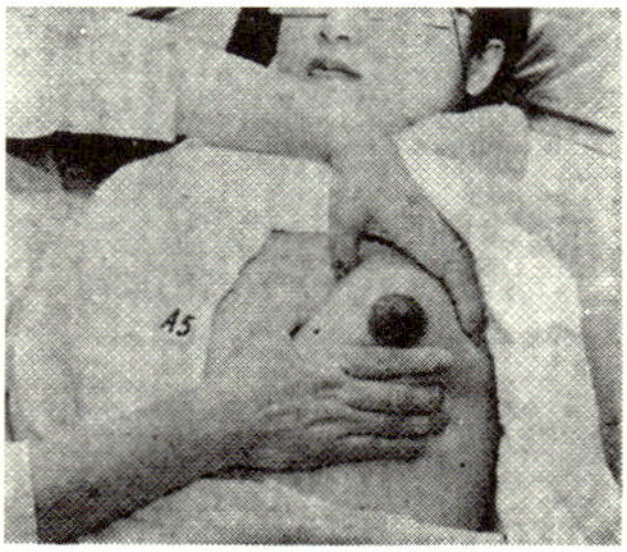

A-5

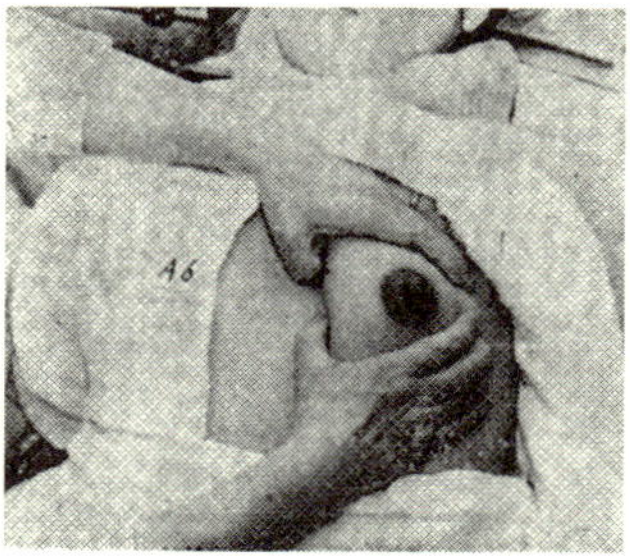

A-6

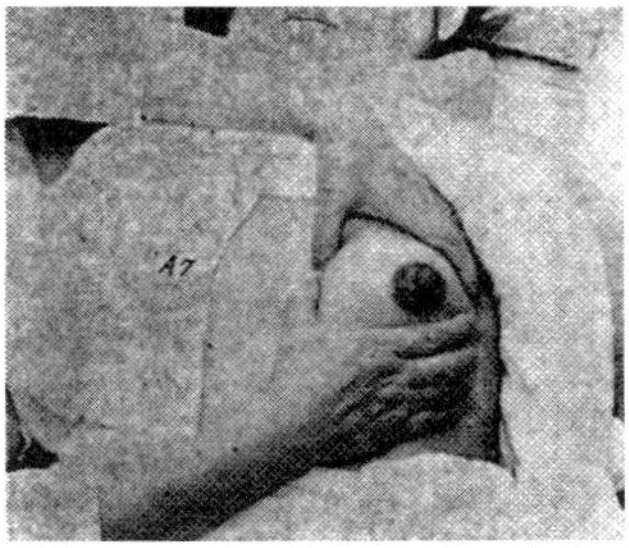

A-7

図 4

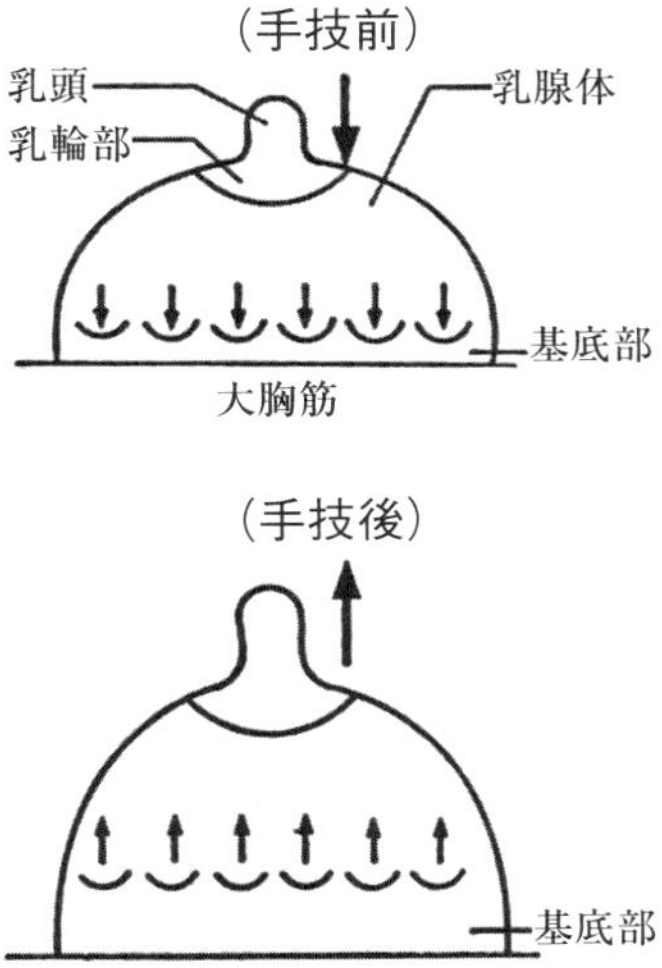

(手技前)
乳頭
乳輪部
乳腺体
基底部
大胸筋
(手技後)
基底部

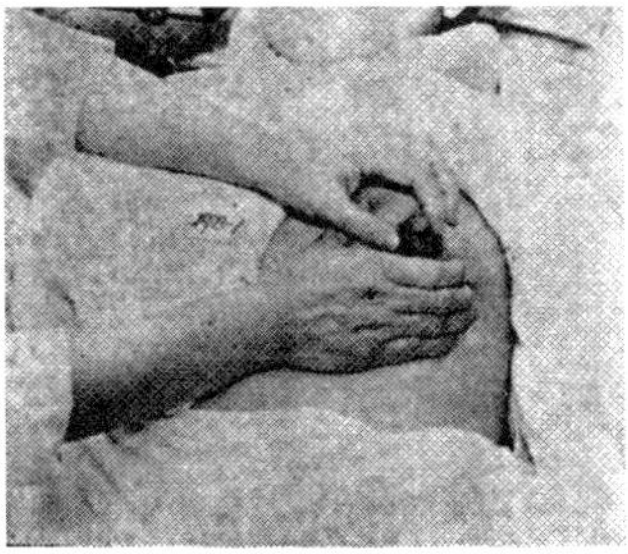

B-1

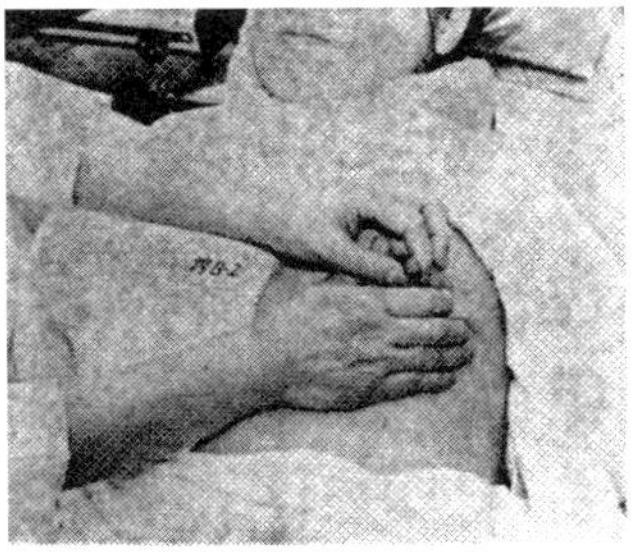

B-2

乳房の基底部はお母さんの体質、既往歴そして日々の睡眠や食事などによって変化しやすい部位なのです。肩がこりやすい体質、低血圧、自律神経失調症、血圧の高い人、肩をよく使う職業に長年就いていた人（ピアニスト、デスクワーカーなど）、肩を使う激しいスポーツをしていた人（バレー、バスケット、テニスなど）などは基底部が大胸筋にくっつきやすいのです。

手技は自分ではできませんが、基底部の状態を生理的に正常な状態に保ち、乳房を健康な状態にしておくことは可能です。それはお母さんが生活リズムを整え健康な生活を送ることです。適度の運動と休養、バランスのとれた食事、十分な睡眠（眠りすぎもいけません）、イライラしないおだやかな精神状態などです。乳房の状態を良くすることは、まさにお母さんのヘルスプロモーション（健康増進）そのものなのです。母乳哺育をすることによって、健全な育児に耐えられる心と身体がつくられるのです。

乳房の基底部を触診することで、そのお母さんの健康状態がわかります。

乳房は母親の健康のバロメーターです。車社会化しストレスの多い現代、母乳の出が悪くなる原因の一つは、運動不足です。合理化、省力化と、家事も食事も手抜きでインスタント化しています。生活は夜更かしで朝寝坊の夜型が多くなり、自然に備わっている生体リズムが崩れやすい生活は、出るはずの母乳が出なくなるもとになります。正しい乳房本来の自立性と活動性を取り戻すためには、手技による手助けが必要です。手技によって基底部の伸展性が良くなり、乳房組織が正常に活動するようになると、定時刻、約三時間ごとに催乳感覚が母親に感じられるようになります。催乳感覚については、あとの章で述べます。

次に桶谷式手技の特徴を見てみましょう。

第一の特徴は「痛くない手技」です。お母さんは手技を受けることにより心身ともに爽快になります。結合織マッサージによって自律神経のバランスが良くなるのです。手技を受けているお母さんたちはみなニコニコしています。

二つめは、どんなおっぱいでも手技によって乳汁分泌が促進されることです。乳房の大きさは関係ありません。乳頭で問題になるのは陥凹（ひっこんだ）乳頭です。この乳頭の持主は少し努力が必要です。手技によって乳頭は突出しますが、一回や二回の手技ではなかなかすっかり良くはなりません。継続して手技を受けることが必要です。乳汁分泌は良好なのですから、授乳がうまくできるようになりさえすればいいのです。

三つめは分泌抑制もできることです。これについては桶谷式断乳法で述べましょう。四つめの特徴は、乳腺炎の予防と治療ができることです。これについてもあとで詳述します。

桶谷式手技は流れるような美しい手技です。一見簡単そうに見えますが、実際にはなかなか難しい手技なのです。現在東京にある桶谷式手技研修センターで助産師が一年間の研修を受けて、手技の後継者と認定されます。

Ⅳ

母乳はこうして出てきます

湧いて出てくる母乳

前に述べました桶谷式手技の研修を行うきっかけの一つとなった、先生に寄せられたお母さんのお便りをお見せします。

「長女が生まれた時、マッサージを受けても細々と五か月しか授乳できなかった私のおっぱいが、次女の時には、桶谷先生の手技によってあふれるばかりに出るようになりました。一歳二か月、歩くまで母乳で育てました。子の幸せを感謝し、長女の時桶谷先生を知らなかったことを悔やみました。先生は、どんな乳でも出るようにしてくださいます。私は乳腺炎にかかった時も治療を受けながら飲ませつづけられました。

いろいろ欠陥があって、おっぱいで育てられない母親も多いのです。先生の技術が活かされたなら！　この技術が普及し、どこの産院でも治療できるようになったらどんなにすばらしいでしょう。先生は決してお若くありません。多くの母子を一人で治療されるのは大変なことです。一日も早く後継者ができることを願ってやみません」。

乳腺炎の激痛に泣くお母さん、陥没乳頭で悩むお母さんも、手技を受ければ心地よく母乳が出るようになります。母乳がどんなに良いとわかっていても、母乳が出なければどうにもなりません。「どんな乳でも出してみせる」と先生は、はっきりと言っていました。生前の桶谷先生の手にかかれば、どんな乳房からでも泉の如く母乳はあふれ出ました。いったい母乳はどこでつくられて、どのようにして出てくるのでしょう。

母乳は乳腺細胞でつくられます。それはお母さんの血液からつくられるのです。赤い血から白い乳汁へ、しょっぱい血液からうっすら甘い母乳へと乳腺細胞でつくりかえられます。母乳はまたの名を、白い血液とも呼ばれます。母乳をつくる乳腺細胞はとても神秘的な細胞です。母乳はどのようにしてつくられるのでしょうか。

母乳分泌機能

妊娠すると卵巣や胎盤から出るエストロゲンやプロゲステロンというホルモンが乳腺や乳管を発育させ、出産後に始まる授乳にそなえます。妊娠中は、これらのホルモンが多量に分泌され授乳の準備が整いますが、乳汁分泌そのものは、これらのホルモンによって抑制されます。自然のすばらしいしくみです。母乳はお産のあと赤ちゃんに必要なものですから、妊娠中は分泌されないしくみになっているのです。妊娠後期に乳頭を軽く押さえますと、白い液が出てきますが、これはまだ乳汁ではありません。乳汁分泌は出産後に始まります。

出産後、後産で胎盤が出てから、いよいよ乳汁分泌が始まります。その引き金を引くのは、赤ちゃんです。赤ちゃんが乳頭を口に含み吸りこむ吸啜刺激が乳汁分泌を発動させ、その維持にとても大切な役割を果たします。

乳腺細胞は汗腺の分化した細胞で、細胞の一部がちぎれて分泌するアポクリン分泌をします。乳腺細胞で血液から乳汁がつくられるためには、下垂体前葉から出るプロラクチンというホルモンをはじめとして、成長ホルモン、甲状腺ホルモン、副腎皮質ホルモン（コルチコステロイド）等多くのホルモンが関与します（図5）。

つくられた乳汁を乳管から乳口のほうへ押し出すのは、乳腺細胞の周りを

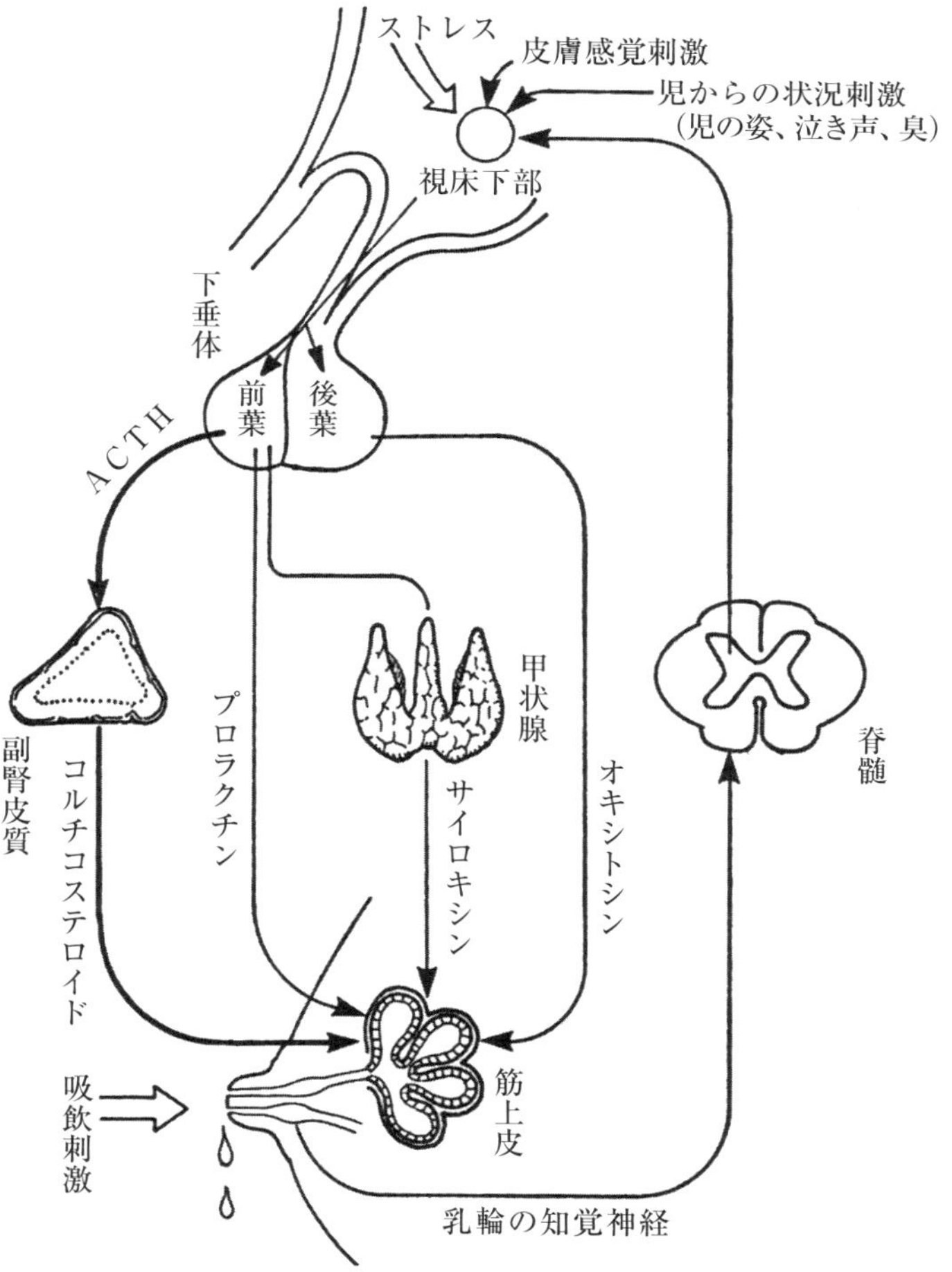

図５　乳腺に及ぼす内分泌の影響　（Lewison より改変）

取り囲んでいる筋上皮細胞（カゴ細胞）です。この細胞には下垂体後葉から分泌されるオキシトシンが働きます。オキシトシンはまた子宮筋にも作用し、妊娠中に伸びた子宮筋を収縮させ子宮の回復を促進します。産後赤ちゃんにおっぱいを飲ませますと下腹部が痛むことがあります。これは、赤ちゃんが母乳を飲むことによる刺激が脊髄後根を通って視床下部に送られ、下垂体後葉からオキシトシンが分泌され、子宮が収縮するからです。この乳汁分泌のホルモンサイクルは、分娩後なるべく早く乳頭に赤ちゃんの吸啜刺激を与えさえすれば始まり、母乳は分泌されます。そして赤ちゃんの吸啜刺激が乳頭に加えられる限り分泌は維持されます。母乳哺育が可能になるためには、このような母乳が分泌され、とどこうりなく体外へ出るしくみが大切です。

母乳がよく出るためには先に述べましたようにホルモン分泌が必要ですが、母乳の原料である血液も十分乳腺に供給されなければなりません。乳腺の周囲に網の目のように張りめぐらされた毛細血管に十分な血液が送り込まれなければならないのです。乳腺細胞でつくられた母乳は乳管から乳口へと詰まらずにスムーズに流れなければなりません。すなわち乳汁流通機能が分泌のあとで重要な役割を果たすのです。

赤ちゃんが欲しい時に欲しいだけ飲めるのが母乳です。赤ちゃんが飲む時に飲みやすい乳房、すなわち伸縮性のいい乳頭、乳輪部であることが母乳をうまく飲むために大切なのです。桶谷式手技を乳房に行うと、乳房内の血液循環が良くなり、乳腺細胞は保護され、全乳管、全乳口が開通して、乳汁分泌が促進されます。また乳頭、乳輪部の伸びが良くなって赤ちゃんが哺乳する時、飲みやすくなります。

大脳が発達している人間の場合には、乳頭に吸啜刺激が与えられて、その刺激反射でホルモンが出て母乳がつくり出されるというほかに、大脳皮質から送られる刺激も大きな影響を与えます。心配や悩み事でイライラしたり、クヨクヨしたりしますと、視床下部から脳下垂体へ乳汁産生ホルモンを出すよう促す刺激が抑えられます。また反対に赤ちゃんのことを思ったり、赤ちゃんの泣き声を聞いたりするだけで脳下垂体からのホルモン分泌は促進されます。

お母さんがゆったりした気持ちで育児をすることが大切です。少しのストレスですぐ参ってしまわないような心の強さが必要です。周囲の人たちもお母さんの心配に輪をかけるような言動はつつしまなくてはなりません。

V

母乳哺育を成功させるには

初めての授乳

産褥期の大切さ

母乳哺育は初乳を飲ませることに始まり、断乳に終わります。母乳哺育をうまく行うためには産褥期が特に大切で、この時期をどう過ごすかが問題です。産褥期は乳房の状態がまだ正常ではありません。乳房の基底部（結合織）は、伸縮性が悪く拡張状態になっています。そのうえ赤ちゃんはまだ飲み方が上手ではありません。飲み方を一生懸命学習している時期なのです。お母さんは、赤ちゃんが早く上手に飲めるように助けてあげなければなりません。

赤ちゃんの抱き方飲ませ方

人間以外の哺乳動物では生後間もなく自力で立ち、母獣の乳を飲むことができますが、人間の赤ちゃんは歩くことも這うこともできません。泣くことと口に触れたものに吸いつくという原始反射しかもっていません。社会的動物といわれる人間は独りでは生きていけません。赤ちゃんは、全面的にお母さんに保護され世話をしてもらわなければ生きていけないのです。

世話のうちで一番大切なのは、もちろんおっぱいを飲ませることですが、同じようにおっぱいをやっているように見えても、実際にはその飲ませ方はさまざまで、飲ませ方によっていろいろな問題が起こります。

母乳が足りないんじゃないかと相談にみえるお母さんの中には、飲ませ方が悪いために、赤ちゃんが十分に飲めていない場合が多く見られます。赤ちゃんの抱き方も意外に難しく、初めてのお母さんは緊張して硬くなり、肩に力が入ってしまうことが多いようです。力を抜いてらくに抱いてください。

初めてお母さんになった方に、「さあ、赤ちゃんを抱いておっぱいを飲ませてください」と言いますと、肩をいからせ硬くなって両手で赤ちゃんをしっかりと抱き、自分の胸に近づけます。赤ちゃんは口に触るものはなんでも口に含みます。口先で探すようにして乳頭にも吸いつきますが、たいてい浅く乳頭の先だけを口に含みます。ですから吸ってはいますが、飲めているとは言えないことが多いのです。赤ちゃんまかせでは、上手に飲めるように乳頭をとらえることができないのです。このような浅く乳頭の先だけを口に含ませた飲ませ方は、乳頭亀裂をつくる原因にもなります。

右側のおっぱいを飲ませる時には、お母さんの右手の肘のところに赤ちゃんの頭をのせ、その前腕で赤ちゃんの背骨に沿って支え、手のひらにお尻をのせて抱きます。反対側の左の手で、飲ませる乳房を軽くもって赤ちゃんに乳房を含ませます。人差し指と中指《なかゆび》で乳輪部を広くはさんでもち、乳頭が赤ちゃんの舌の上にのるように、よく見て口に深く入れます。乳頭を浅く口に含んでいるだけでは飲むことはできません。

「チュッ、チュッ」と舌打ちに似た音をたてている時には、吸っているだけで、たいていは飲めていません。乳頭を深くとらえて舌と顎を使って飲むと、出てくるおっぱいをゴクンゴクンとほおをふくらませたりひっこませたりして飲みます。顎の筋肉を十分に使わないとうまく飲めないのです。

お母さんの抱き癖や赤ちゃんが舌小帯短縮症（舌の裏側にある舌小帯が短くつれて舌の動きが悪い）の場合など、赤ちゃんは乳頭をゆがめてくわえることがあります。そのまま飲ませていますと乳頭は変形して乳口が潰され、乳腺炎を起こす原因になります。お母さんは自分の乳頭をよく見て、赤ちゃんがゆがめて飲んでいないかどうかよく調べてみてください。ゆがめて飲んでいる時には乳輪部を引っ張ったり、抱き方を変えたり工夫して、いつも赤ちゃんが乳頭を正しい位置でとらえられるようにしてください。乳頭はいつもゆがみがなく、円い状態に保ちましょう。

授乳は赤ちゃんとお母さんが一緒に行う共同作業です。二人の呼吸《いき》がぴったりと合ってこそ上手に飲ませることも飲むこともできるのです。おっぱいを飲ませながらお母さんが他のことを思っていると、赤ちゃんはとても飲みにくく嫌がります。おっぱいを飲ませながら、テレビを見たり携帯電話をかけたりするようなことは避けてください。おっぱいを飲ませることに気持ちを集中させてください。

おっぱいは左右交互に飲ませる

お母さんは、抱き癖などで飲ませやすい側と飲ませにくい側とが多少ともあるものです。飲ませやすいほうの乳房ばかりを飲ませますと、反対側はますます飲ませにくくなり、母乳の分泌も悪くなります。

赤ちゃんにおっぱいを飲ませる時、出の良くない、自分で飲ませにくい側のおっぱいから先に飲ませます。飲ませて数分したら（催乳感覚が感じられたら）反対側、すなわち飲ませやすいほうの乳房に抱き変えます。赤ちゃんを乳頭から離す時は、赤ちゃんのほっぺを両側から軽く押さえますと簡単に離します。赤ちゃんを無理に引っ張って離しますと、乳頭を強くくわえたまま引っ張られますから乳頭が痛みます。出のいい乳房を飲んでいるあいだに分泌の悪いほう、すなわち最初に飲ませたほうの乳房もよく出るようになるのです。

赤ちゃんは、乳房の奥のほうから湧くように乳口に向かって出てくる母乳を飲むのであって、決して溜まり乳を飲むのではありません。ゴクンゴクン飲んだら（だいたい七〜八分）最初に飲ませたほうの乳房に再び変えます。そしてひと飲みしたら（七〜八分）再度抱き変えて、反対の乳房を飲ませます。このように左右の乳房を交互に飲ませることによって、赤ちゃんも十分に飲めますし、乳房もいい状態になります。よくおっぱいが空《から》になるまで飲ませたら反対側を飲ませましょう、などといわれますが、おっぱいは空になるものではありませんし、そういう飲ませ方では赤ちゃんは十分に飲めません。

また桶谷先生の体験によれば赤ちゃんは授乳の際一回おきに多く飲んだり少なく飲んだりで、決して毎回同じようには飲まないということです。特に眠る前には多く飲みます。

母乳哺育のリズムを覚えましょう

催乳感覚と三時間授乳

母乳が出てくる時は間歇的に乳房の奥のほうから乳口に向かって湧くように出てくるものです。これを母親は刺激的な感覚として乳房に感じます。この感覚を「催乳感覚」と桶谷先生は名付けました。手技を受けているお母さんたちに言葉で表現してもらいましたところ、「ツツツー」「ツクツク」「ツンツン」といろいろに言っていました。「さあさあ溜めておかないでどんどんおっぱい出しなさいよ」という合図とでもいいましょうか。

母乳は子にとって、かけがえのない生命の源（心身の栄養物）ですが、母体にとっては、外分泌物です。溜めておいていいはずがありません。分泌物を排泄することによって母体は健康になるのです。母乳分泌には母乳産生ホルモンであるプロラクチンをはじめとする多くのホルモンが関与していることは先に述べた通りです。母親は母乳を出すことによって、さらにホルモンの働きが盛んになり、健康が増進され育児に耐えうる身体がつくられるのです。

桶谷先生の観察では母子ともに健康ならば、母親は定時刻――約三時間、飲ませてから二時間半――に催乳感覚を乳房に感じ、子もこの間隔でおっぱいを飲みたがります（母乳の胃内の消化吸収時間は三時間です）。母子間のこのリズムが一致するように自然につくられているのです。このリズムをなるべく崩さないように授乳していくことが大切です。

先生はこれを「三時間授乳」と言いました。催乳感覚は乳房の健康状態を表すバロメーターともいえます。催乳感覚が感じられなくなったり、不規則になったりしますと要注意です。身近に時計もなかった大昔の母親はこの内臓感覚の一種ともいえる催乳感覚を頼りにして、子どもに母乳を与えていたのでしょう。今はこの感覚を麻痺させてしまうような社会的要因がたくさんあります。おっぱいを生き返らせ、お母さんが催乳感覚を規則正しく感じられるようにしなければなりません。

搾乳の大切さ

赤ちゃんは乳房の奥から湧いて出てくる母乳を飲んで育つのです。決して溜まり乳を飲むのではありません。母乳は、本来赤ちゃんが飲む時に赤ちゃんの欲しいだけ分泌されるのです。このような状態を保つためにも母乳を溜まったままにしておいてはいけません。赤ちゃんの飲み方が少ない時や眠っていてなかなか飲まない時などは、搾乳しておくことが大切です。

産褥期は赤ちゃんがまだ上手に飲めませんし、乳房は拡張しやすい時期なのです。ですから搾乳が大切なのです。特に授乳前後に搾乳しておくと赤ちゃんは飲みやすくなります。また乳房は空になることはありませんから、搾乳は母乳の出方の少なくなるまでの一区切りでいいのです。

搾乳のために、従来から搾乳器がいろいろ工夫されていますが、特別に搾乳器を使わなくても、桶谷式手技で乳房の状態を良くしたあとならば、お母さんの手指で十分に搾乳できます。お母さんの母指と人差し指の指先の腹に、乳頭のつけ根の乳輪部を打ちはさんで、自分の胸へ押しつけるようにして、赤ちゃんが飲むリズムに似せて搾乳するのです。指で搾るなどというと、いかにも時間がかかりそうに思われますが、慣れれば短時間で十分に搾乳できます（図6と写真）。

図6　指による搾乳
（断面図）

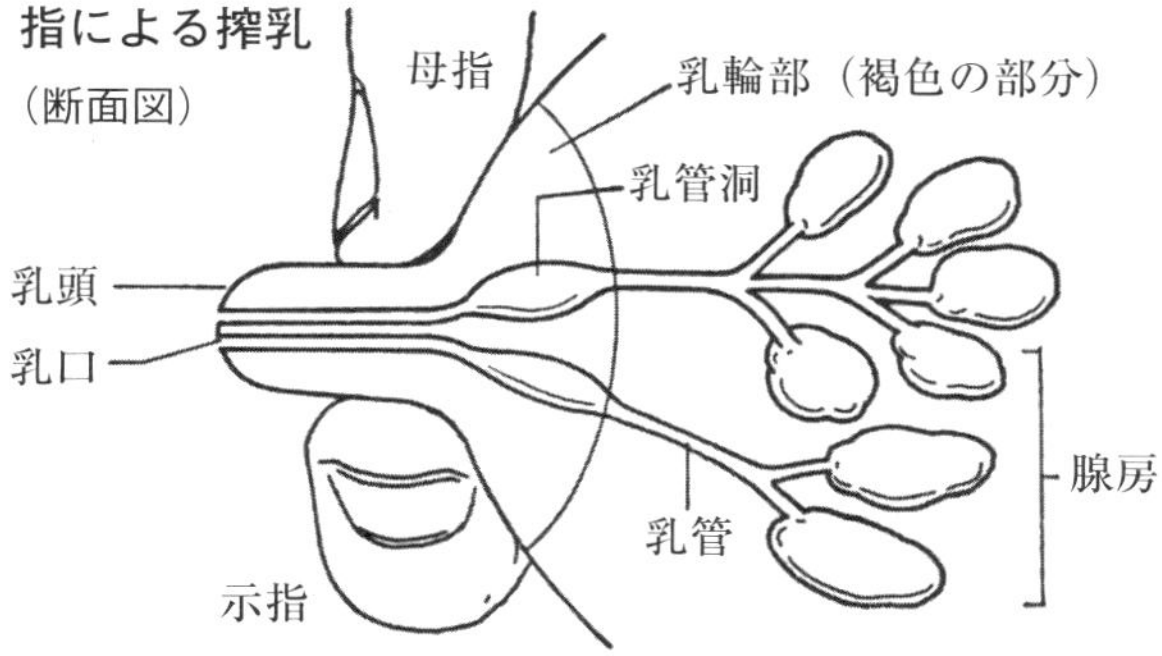

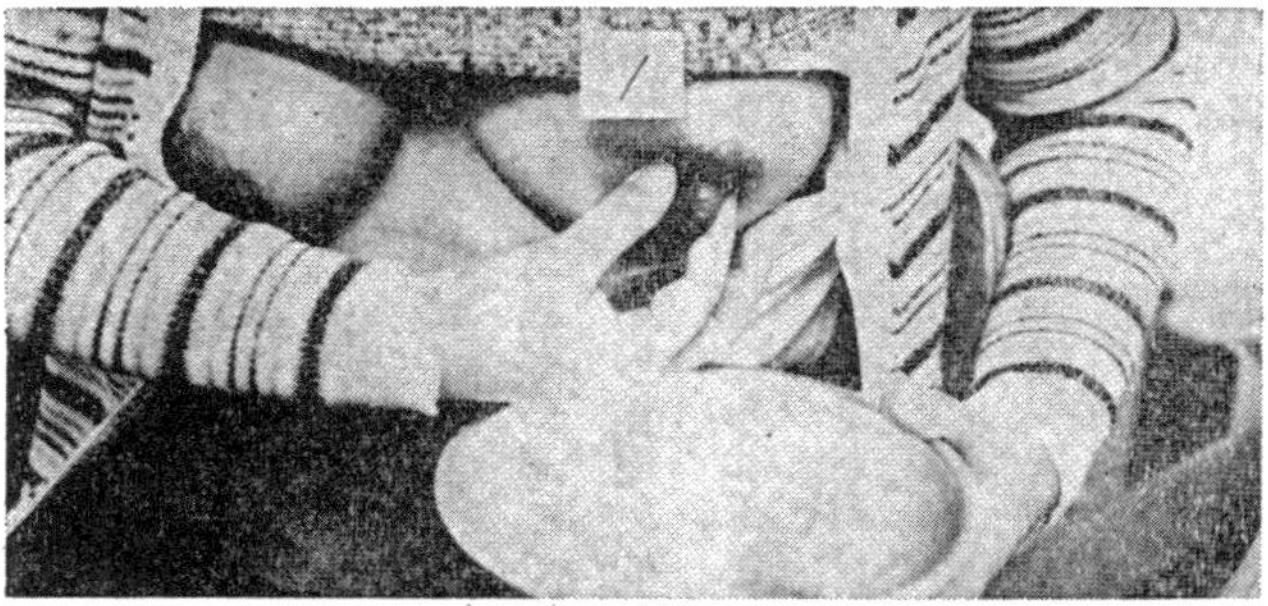

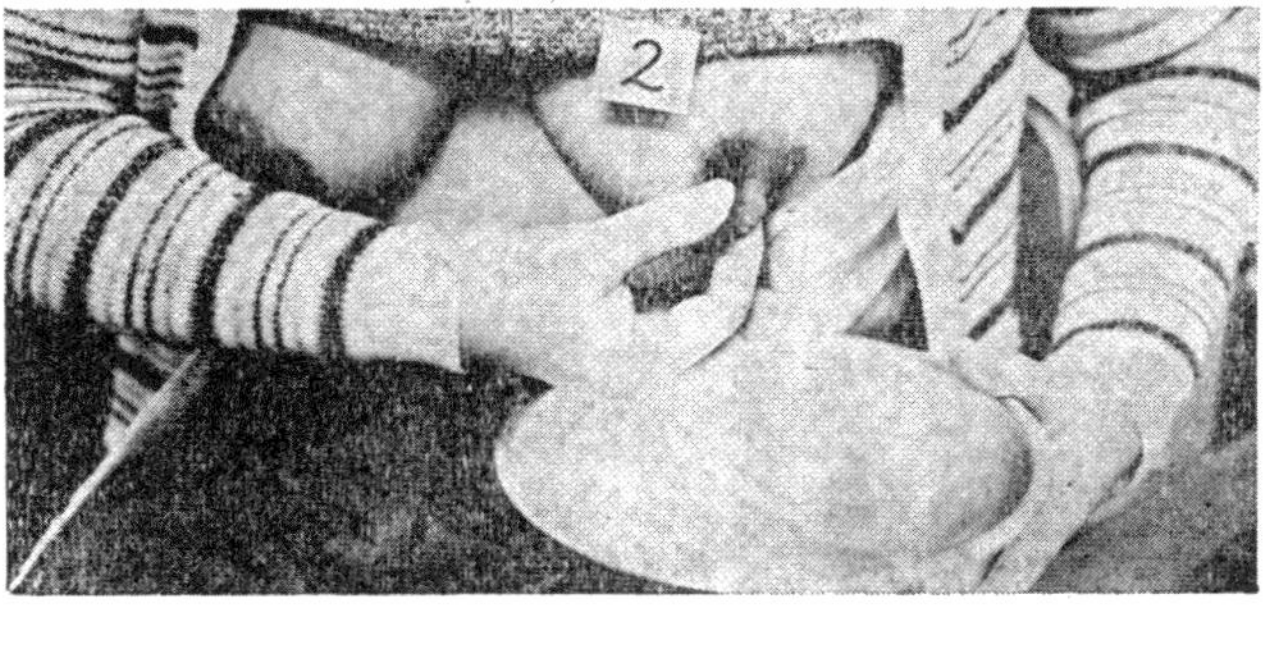

人間の手がもっとも巧妙な働きをするのです。便利だと考えてつくられた搾乳器がかえって生きた乳房をいためて、効果が少ないとは皮肉なことです。

赤ちゃんの体重が四・八キロになるまでが大切

赤ちゃんが生まれてから体重が四・八キロになるころまでに母乳哺育が確立するかどうかが決まります。体重四・八キロになる時期とは赤ちゃんにとってどういう時期なのでしょうか。この体重四・八キロという値は、桶谷先生が多くの治療体験から得られた値です。「赤ちゃんが一貫三百匁（約四・八キロ）になると不思議と飲み方が変わるのですよ。とても上手に飲むようになるのです」と先生は言われました。

赤ちゃんを見ていて体重が四・八キロを超えるころになりますと、確かに飲み方が強くなり、授乳後お母さんが搾乳することが少なくなります。なぜ四・八キロになったら飲み方が変わるのでしょうか。赤ちゃんの脳の発達と関係があるようです。

体重三キロ前後で生まれた赤ちゃんが、約四・八キロになるのはだいたい生後一か月半から二か月ぐらいです。そのころになりますと、はっきりと目で物を追い、話しかけると笑うようになります。赤ちゃんが四・八キロになるまでは、欲しがるたびに何回でも飲ませてください。乳頭に吸啜刺激がたくさん与えられるほど、母乳分泌は促進されます。

生後一か月は、赤ちゃんの睡眠は昼夜の別なく短時間の睡眠と覚醒を繰り返します。それがお母さんのおっぱいを飲んでいるうちにだんだん三時間リズムがつくられてきます。そして体重が四・八キロくらいになるころには昼夜周期が形成されます。それまでのあいだ、ひっきりなしに眠ったり起きたりしておっぱいを欲しがり、おむつが濡れたといっては泣いてお母さんをふりまわします。お母さんは生活のリズムがとれず、いつも眠くてイライラします。しかし、昔から言うように泣く子と地頭には勝てないのです。なるべく赤ちゃんの欲求にすすんで応じるように努めるほうが、かえってイライラすることも少なく、母子のリズムも早く一致するようになります。

赤ちゃんの体重が四・八キロぐらいになるまでは、体重の増加や哺乳の時間、回数にあまりこだわらないほうがいいようです。赤ちゃんが欲しがる時に好きなだけ飲ませましょう。

Ⅵ

良い母乳を出すために

おいしいおっぱい

母乳は赤ちゃんの味覚を育てます。赤ちゃんはおいしくなければ、おっぱいを喜んで飲みません。

手技をしながら、桶谷先生はお母さんたちによく言っていました、「ほら、自分の出している乳がどんな味なのか、なめてごらん」と。一瞬お母さんたちは躊躇します。「えっ！　なめるの？」先生は、「だって毎日お料理する時、味をみるでしょう？　母乳は赤ちゃんのかけがえのない食事なんですよ！」と搾乳して乳口にハスの葉にのる露のようにのっている母乳をお母さんに味見させます。お母さんは、そっと自分の乳頭から指先で母乳を取り舌でなめてみて「あっ！　甘い‼」驚きの声をあげます。

母乳は、ほんのりと甘く、やや青みがかった半透明の乳白色です。一種独特の匂いがします。飲めと言われても、大人には喜んで飲めるような味ではありません。「こんな青臭いものを赤ちゃんはおいしそうにゴックン、ゴックンよく飲めるなあ」と驚きます。

赤ちゃんにとって母乳は、生まれてから半年近くの離乳食が始まるまで唯一の食物なのです。飲んで飽きない味でなければつづかないと思います。

母乳の味を調べたことがありますが、母乳には味の四原味（甘味、塩味、酸味、苦味）が入っていて、全体として、うっすらとした甘味を感じる味になっています。人工的にはとてもつくり出せない味、まさに母乳は自然の贈り物だと思います。

長い時間飲ませないで溜めていると味も悪くなります。甘味がなくなり、しょっぱいおっぱいになります。乳房の基底部の伸縮性が悪く、乳房全体が萎縮状態になっている時にこうなるのです。断乳が必要になる前の場合も同

郵便はがき

料金受取人払郵便

神田支店承認

3982

差出有効期間
2013年6月
30日まで

1018791

530

東京都千代田区
神田北乗物町
16

株式会社 地湧社
愛読者カード係行

ご購読ありがとうございます。本欄は、新刊や講演会などのご案内の資料とさせていただきます。ご記入の上、投函下さい。

(フリガナ)

お名前　　男・女 ／ 年齢　　歳

ご住所　〒

都道府県　　市区町村

TEL　(　　)　　Email　@

ご職業・在校名　　ご購読新聞・雑誌名

新刊案内のご希望 □ある □ない　講演会等催し物案内のご希望 □ある □ない
図書目録のご希望 □ある □ない　「湧」見本誌(無料)のご希望 □ある □ない

読者プレゼント

この「愛読者カード」をご返信下さった方全員にもれなく、小冊子『英国流 家庭ごみで堆肥づくり』を贈呈いたします!
(在庫終了次第締め切りとさせていただきます。お早めに送付下さい。)

愛読者カード

◆今後の参考にさせていただきます。忌憚のないご意見・ご感想をお寄せ下さい。お待ちしております。

◇今回ご購入された図書名

◇ご購入の動機

1. 書店で見て
2. インターネット・HPでみて
3. 地湧社からの案内をみて
4. 「湧」を読んで
5. 新聞広告をみて（紙名　　　　　　　）
6. 雑誌広告をみて（誌名　　　　　　　）
7. 書評を読んで（　　　　　　　）
8. その他（　　　　　　　）

◇ご意見・ご感想

＊いただいたご感想を小社ホームページなどに掲載してもよろしいですか？
□はい　□匿名またはペンネームならよい（　　　　　）　□いいえ

◇今後お読みになりたいと思う本の企画

◇小社愛読者カードをお送り下さるのは今回が初めてですか。
1.はい　2.いいえ（　　回目）

◆ご注文◆

書　　名	著者名	定価	冊数

＊ご注文は郵便、お電話、ファックス、eメールにて承ります。
＊発送手数料：1件一律200円（1万円以上のご注文の場合は送料サービス）

地湧社《ちゆう》 TEL.03-3258-1251 FAX.03-3258-7564 http://www.jiyusha.co.jp

様です。とてもまずくて飲めたものではありません。赤ちゃんだってこんなおっぱいは嫌がります。

赤ちゃんは味には敏感です。おいしくなくなると飲みません。お母さんに義理を立てて、まずくても飲むというようなことはしないのです。母乳を飲んでいる赤ちゃんは普通お母さんの都合でミルクを飲ませようとしても飲もうとしないのですが、母乳がまずくなった時にはミルクを受け付けます。赤ちゃんに聞いてみないとわかりませんが、きっと〝母乳がおいしくないから、仕方がない、ミルクで我慢しようか〟と言わんばかりです。

おいしくなくなると、とたんに怒って飲もうとしなくなります。無理に飲ませようとしますと、乳頭を歯ぐきで噛んだり、引っ張ったりします。赤ちゃんが母乳を嫌う時には、このようにおっぱいの味がおいしくなくなった時と乳頭の伸びが悪くなって飲みにくくなった場合があります。赤ちゃんが嫌うようなおっぱいにならないよう、お母さんは注意してください。おっぱいの本来の味を保つように生活を整えてください。母と子の三時間授乳のリズムを崩さないように心がけましょう。

人間の母乳には、他の哺乳動物の乳汁と比べて乳糖がもっとも多く含まれています。乳糖は蔗糖に比べて甘味の少ない糖です。人間の母乳は蛋白質が少なく糖質が多く、その糖質の大部分を乳糖が占めています。乳糖のエネルギーは、脳の機能と発達に使われています。また、母乳中の脂肪も同じように、脳細胞の発達に大きな働きをしていることがわかっています。

このように人間の母乳――甘くて、濁りのない、おいしいおっぱい――こそが、賢い子を育てることがおわかりになるでしょうか。乳児には乳房内に溜まった母乳を飲ませるのではなくて、催乳感覚とともに湧くように出てくる母乳を飲ませることが大切です。

母親の食事・睡眠と乳質

母親の生活全体が母乳の質に影響を与えるのですが、とりわけ食物の影響は大きいのです。今は亡き松村龍雄先生（群馬大学名誉教授）は日本における食べ物アレルギー研究者の第一人者でしたが、早くからアレルギーの面でも、お母さんは妊娠中から食物に注意することが大切だと言っておられました。

お母さんがお腹の赤ちゃんのためにと、ふだん食べない食べ物を無理してたくさん食べたり飲んだりしていると、胎盤を経てその食べ物に対するアレルギーが起こり、生まれながらにその食べ物に対しての食物アレルギーを起こす体質になります。妊娠中から授乳期にかけて、ふだんにも増して偏りのない食事を摂るよう心がけることが大切です。

昔から母乳の出が良くなるといわれている食べ物がいろいろあります。鯉や餅などもその一つです。しかし、産褥期にこれら高カロリーの食べ物をたくさん食べますと、かえって乳房に良くないと桶谷先生は言っていました。産褥期は乳房が拡張状態、すなわち張ろう張ろうとしていて、おっぱいの奥はくっつきやすいのです。こういう時期に高カロリー食を摂ると、ますます奥がくっつきやすくなります。それ故、産褥期には、できるだけ低カロリー食を摂るほうがいいのです。昔ながらの梅干しに粥といった病人食が産褥期のおっぱいにはいいのです。

もちろん、妊娠中も授乳中もふだんより多くカロリーを摂らなければならないことは確かです。しかし、何を食べるかが問題なのです。お母さんの中にはおっぱいがたくさん出るようにと牛乳を一リットルも飲むという人がいますが、アレルギーの点から考えてもこれは良くありません。偏った食事はいけません。どんなに牛乳が好きでも一日に二合までです。牛乳が飲めない人の場合には、海藻類や胡麻などカルシウムを多く含んだ食物を務めて摂るようにしてください。ビタミンCの補給にミカンをたくさん食べるという人がいますが、これも問題があります。ミカンを多く食べますと柑皮症といって手掌や足の裏などの皮膚が黄色をおびることがあります。乳汁も黄色みをおび乳質が悪くなります。中くらいの大きさのものを一日二個も摂れば十分です。お母さんがはっきりしたアレルギー症状に気づかないうちに、赤ちゃんの肛門の周囲や太ももの皮膚のくびれた部分の赤みやただれなどといった症状でアレルギーが現れていることがあります。赤ちゃんにアレルギー症状を起こす食べ物を避けることは、お母さん自身の健康にもいいことです。

しかし出産初期に低カロリー食がいいからといって、いつまでも低カロリーでいいということではありませんので注意してください。お母さんが産後の休養も済んで普通の生活をはじめ、乳房の状態も良く赤ちゃんとのリズミカルな授乳を始めるころには、高カロリー食を摂ってもいいのです。またよくしたもので、おっぱいが順調に出ている時は、お腹がすいて食事がおいしいのです。この時期には、野菜をたっぷり入れた実だくさんの味噌汁や、鯉こく、餅などを食べましょう。

現在、文部科学省は〝早寝、早起き、朝ごはん〟をスローガンとして勧め、子どもたちの食育の大切さを訴えています。食育のスタートは、まさに母乳哺育から始まります。桶谷先生は手技をしながら、乳房に現れる食べ物の影響を早くからお母さんに教えていました。夕食に重きをおくのではなく、朝食、昼食にしっかりと食事を摂るように言われました。インスタント食品があふれ、なんでも簡単に済ませられる時代だけに、赤ちゃんを母乳で育てることを通して、食べることの大切さにお母さんたちが気づき、考え、実行できるようになれば、将来の生活習慣病の予防にもつながります。

桶谷先生は乳房組織の状態を診ると、だいたい何を食べたか、そしてどれくらい眠ったかがわかると言っていました。睡眠によっても乳房組織はもちろんのこと、乳汁の質も変わります。夜間は乳房組織が変化しやすいのです。また乳汁分泌が促進される時間帯でもあります。人間は眠る時、他の哺乳動物と違って仰向けに寝ます。この体位は乳房内に乳汁が溜まりやすく、特に分泌の多い授乳期にはどうしても乳房の奥がくっつきやすくなります。夜間も三時間リズムで授乳することがいいのですが、赤ちゃんが泣いて欲しがらなければお母さんも起きません。そのようにして長寝をしますと、翌朝は乳房はパンパンに張って乳頭の伸びも悪くなり、赤ちゃんは飲みにくくなります。そういったことを二〜三回繰り返しますと、てきめんに乳汁分泌は落ちてしまいます。夜食に高カロリーの食物を食べて長寝をしていますと乳質は悪化するのです。長時間溜まった乳を赤ちゃんに飲ませますと、グズグズと不機嫌になったり、寝てしまうと長時間眠っていることが多いようです。乳質の変化で赤ちゃんは変わります。乳質が良くなりますと、赤ちゃんもみるみる機嫌が良くなっていくのにはまったく驚きます。

母乳の質と赤ちゃんの健康

乳質が良い時には赤ちゃんの発育が良く、悪くなると機嫌が悪くなってきます。また黄色みがかった味の悪い母乳を飲ませていますと、母乳を飲んで吐くこともあります。手技によって乳質を良くしますと吐かなくなります。肩こりが強くなると赤ちゃんが乳を吐くというお母さんがありました。疲れて肩が痛くなってくると赤ちゃんはグズグズいって、お乳を吐きはじめるというのです。乳房を診ますと、おっぱいの奥が塞がっています。手技をしますと、お母さんはすっきりとして肩こりも取れ、赤ちゃんも母乳を飲んでも吐かなくなりました。

赤ちゃんの健康状態を知る指標はいろいろありますが、その一つに血色の良し悪し、皮膚の色つやがあります。乳質の良くない場合には赤ちゃんの顔色やつやが悪く、青白くくすんでいます。手技によって乳房の伸展を良くしますと、乳質も良くなり赤ちゃんの顔には赤みがさして色つやも良くなります。また、母乳の赤ちゃんは固太りだといわれますが、乳質の良い母乳で育てますと、筋肉の張りも良くなります。

桶谷式の治療を受けて乳房組織が正常に働き、お母さんが催乳感覚をほぼ定時刻（飲ませ終えてから約二時間半）ごとに感ずるようになりますと、顔は色つやが良くなり、子はほおがふっくらとして頭の形も丸く良くなってきます。次第に指先まで均等に肉がついてバランスのとれた固太りの赤ちゃんに育っていくのです。乳児健診をしていますと、頭の形のイビツな子をたくさん見かけます。赤ちゃんの頭骨は結合がゆるく、生まれつきの斜頸でなくても、姿勢反射で一方向を向きがちです。そのため頭がゆがむことが多いのです。頭のゆがみがひどくなると顔もゆがんできます。

昔の人は子どもの頭は〝丸くなれ、丸くなれ〟といって、いつもなでてやるものだといったそうですが、これは実際になでてやるというよりも、頭の向き、顔の向きなど、ごく細かい、些細に見えるようなことにも、絶えず愛情から発した心配りをしていくことが、子どもの心身の良好な発育には必要なことなのだという意味なのでしょう。桶谷先生は、自らの経験からお母さんのおっぱいの質も頭の形に関係があると言っていました。乳質の良くない母乳で育てていると頭頂骨が左右に張って、いわゆる鉢頭になるそうです。そして上半身ばかり大きく下半身が発達せず骨格の構成も整わなくなります。頭の形はもちろんのこと心身ともにゆがみのない子に育てるためには良質の十分な量の母乳が必要です。

よく昔から「寝る子は育つ」といわれますが、お母さんばかりでなく赤ちゃんもあまり眠ってばかりいては困ります。ミルクで育てられている子はよく眠ります。そしてよく肥えます。〝手がかからなくて楽だわ〟とお母さんは喜びますが、おとなしく寝てばかりいる赤ちゃんには注意しなければいけません。三歳頃になって言葉が遅れがちだと相談に来る子どもの赤ちゃん時代についてお母さんに聞いてみますと、ミルク育ちでよく眠っていて手のかからなかったという子が多いのです。中枢神経が身体の諸器官の働きを司っているのですから、脳の発達が全身の発育に大きく影響するのです。脳は栄養をはじめ、外界からの適度な刺激を受けながら発達していくのですから、当然眠ったり起きたりのリズムも良くないと順調に発達しません。銘柄が変わるだけで三百六十五日乳質に変化のない均一の粉乳では、時々刻々微妙に質の変わる母乳を飲んだ時のような変化を乳児に見ることはできません。

このように母乳の質によって、それを飲んだ子が刺激を受けて微妙に変わることを、桶谷先生は「母乳の乳質刺激」と名付けました。先生は長年の治療体験から、母乳の質の良い時は体細胞の発育が促され、悪い時には脳神経系の発達が促進されると言っていました。特に生後六か月から九か月頃は大脳皮質の発達の著しい時期ですが、この時期は哺乳期間中でも、もっとも育成の難しい時期です。離乳食と併用して母乳の必要時期なのですが、育児書などによく「六か月過ぎたら母乳はやめましょう、栄養がありませんから」などと書いてあるのは非常に残念なことです。お母さんが健康で普通に食事をしていれば、そして規則正しく授乳してさえいれば、六か月であろうと九か月であろうと母乳の質は悪くなるものではありません。

人間はいうまでもなく自然界に住む哺乳動物の一種属です。天候（気圧、光、温度など）をはじめ、あらゆる外界の影響を受けて生きています。このような自然界のさまざまな条件が母親の母乳の質にも大きな影響を与え、それを飲んで育つ子どもも当然この影響を受けるのです。母親が自分で注意すれば調節できることは、食物、睡眠、運動と休養などです。

過労やストレスが母乳哺育にとって良くないことは当然ですが、運動不足も良くありません。電化が進み、家庭生活が省力化された現代、日常の家庭生活ではあまり体を使わないで済みます。身体を動かすことが少なくなったことも、昔に比べて現在の母親の母乳の質が悪くなっている原因の一つなのでしょう。おいしいおっぱいを子に飲ませるためにも毎日の生活ではこまめに身体を動かしてほしいものです。ゆったり過ごせる時間をつくり出して、毎日赤ちゃんと一緒に散歩する習慣ができればいいですね。

タバコと母乳

喫煙が健康に何一つ益することがなく、身体に有害なことは、はっきりしています。特に女性には喫煙が与える影響は大きいのです。喫煙は卵巣の卵子にも悪影響を及ぼしますが、特に妊娠中の喫煙は、低出生体重児を生む原因の一つとなります。では授乳期間はどうでしょうか。

保健所に勤務していたころのあるお母さんの例です。

保健所の母子クリニックに母乳哺育を希望して一人のお母さんが訪ねてきました。おっぱいの状態を診ますと乳房の結合織の伸縮性が悪く、桶谷先生の言う全面封鎖状でした。ですから赤ちゃんも十分に飲めません。何回か手技をしてみましたが、どうもおっぱいの状態が良くなりません。不思議に思っていろいろ体質や既往歴などをお母さんに聞いてみましたが、これといった原因がみつかりません。前から気になっていたのですが、そのお母さんから、かすかにタバコの匂いがするのです。まさかとは思いましたが、念のためにと尋ねてみました。

「タバコを吸っていますか?」

「ええ……わかります?」

ああ、やっぱりそうだったのか。おっぱいの状態が良くならないのはタバコのせいだったんだな。いくら手技をしても良くならないわけだと思いました。そこでお母さんに、せっかく母乳で赤ちゃんを育てようと思いたったのだから、この際赤ちゃんのことも考えてタバコをやめてみてはと話しました。タバコを吸うと血管が縮んで血液が十分に循環しなくなります。当然母乳の分泌は不足するようになるのです。そのお母さんはちょっと考えてから言いました。「いけないと思うのですが、イライラして、どうしても吸いたくなってしまうのです。妊娠中はやめていましたが、産後はもういいと思って、また吸い出しました。主人もいけないと言うのですが……。癖になってなかなかやめられないんです。でも、赤ちゃんのためにがんばってみます。すぐ全部やめることはできないと思いますが、やってみます」と。

次のクリニックに来た時には、おっぱいの状態はずいぶん変わっていました。伸縮性の良くなかった乳房がだいぶ弾力性を取り戻していたのです。「お母さん、がんばりましたね。良くなってきていますよ」

「わかります？　本数も半分に減らしました」

もう一つの変化は赤ちゃんです。それまで体重の増加がどうも思わしくなかったのですが、今回は、一日の体重増加が三〇グラムと倍増していました。それから、そのお母さんは本数を減らしていって、ついにはタバコを吸わなくなりました。タバコを吸わなくなって、お母さん自身とてもさっぱりした顔をしていました。

日本でもタバコを吸う若い女性が増えてきていますが、これはとても悲しいことです。タバコは嗜好品です。吸う吸わないは、確かにその人の自由です。しかし、これから赤ちゃんを産み育てる女性はタバコを吸わないほうがいいのです。もう子どもを産めない年齢になるまでタバコは吸ってはいけないと思います。健康な子を産み育てることは、社会に対する女性の大きな役割であり、一人ひとりのお母さんにはその責任があると思います。タバコを吸わなくても気持ちの安らぎを保てるようにできないものかと思います。

Ⅶ

乳房の健康と病気

乳房の痛み

乳房に限らず身体の各部から起こる痛みには、素直に耳を傾けなければなりません。なぜなら、痛みは身体の中に異常が起こったということを知らせる警報だからです。乳房は女性の身体の中でも特にデリケートな器官で、乳房の痛みはとても耐えがたいものです。

授乳期間を通して乳房に起こる異常はいくつかありますが、代表的なものは、乳頭の損傷すなわち乳頭亀裂と乳腺炎です。どちらも体験した人は、もう二度とごめんだというほど痛くてつらいものです。どちらも授乳困難の原因となり、母乳分泌不足につながっていきます。

乳頭亀裂

出産後初めての授乳はお母さんにとっては、初体験です。お母さんが赤ちゃんを胸に抱いて自分の乳房を赤ちゃんの口に持っていきますと、赤ちゃんは乳頭をごく自然にとらえ上手に飲みはじめます。時には、赤ちゃんが乳頭を浅くとらえて乳頭の先だけで吸うことがあります。また乳房の状態が良くなくて、乳房の基底部の伸縮性が悪いような時に授乳をつづけますと乳頭や乳頭のつけ根（乳頭部）に亀裂をつくってしまいます。

乳頭亀裂は産褥期に多く見られるのですが、次いで離乳食が少し進んできたころにも起こります。離乳食が進んできて食べる量も増えてきますと、どうしても授乳が不規則になってきます。そうなりますと、乳房の状態は悪くなり、乳頭も伸びにくくなって赤ちゃんは母乳が飲みにくくなります。乳汁の味もまずくなってきます。赤ちゃんは飲みにくくおいしくないおっぱいに腹を立てて乳頭を噛みます。ちょうど生後六〜七か月で歯が生え始めますので、そのせいで噛むのだとお母さんは思います。赤ちゃんはどんなに歯が生えてきても、そのためにおっぱいを噛むということはまずありません。歯ぐきにしろ、歯にしろ乳頭を噛むのは、おっぱいがおいしくなく、飲みにくくなった時です。

赤ちゃんに噛まれると、乳頭に亀裂ができます。乳頭損傷は衣類が触れるだけでも痛く、ましてや赤ちゃんが飲むと飛び上がるほどの激痛にたいていのお母さんは飲ませられなくなります。傷口が空気に触れないように乳頭に軟膏（白色ワセリンか精製ラノリンの製剤、馬油）を塗布しますが、軟膏を塗るだけでは良くなりません（注：軟膏を塗布した場合は、授乳時に清浄綿でふき取って飲ませます）。なるべく早く桶谷式手技で乳房の状態を良くし、乳頭、乳頸部の伸びを良くしなければなりません。

このようにして乳房の状態が良くなり、飲みやすくなるまでは飲ませ方に注意しましょう。まず授乳時間を短時間にします。また、赤ちゃんが乳頭の先だけを吸わないように赤ちゃんまかせにするのではなく、お母さんがよく見て、乳頭を深くとらえるようにして飲ませることも大切です。

乳腺炎

乳腺炎は生後二か月までに起こりやすいものです。乳腺炎の原因はいくつかありますが、よく見られるのは、乳口にちょうどニキビの芯のような白いぷつんとした乳栓が詰まってしまう場合と、赤ちゃんが乳頭をゆがめて飲んで、乳口の一部を潰してしまう場合です。授乳期の乳腺炎のほとんどは乳汁がうっ滞して起こるうっ滞性乳腺炎です。

乳口が乳栓で詰まって乳汁が出なくなりますと、乳汁はうっ滞します。乳房にしこり（硬結）ができて、皮膚は赤く発赤し腫脹します。うっ滞した乳汁に細菌感染が加わりますと、化膿性の乳腺炎となります。寒気がして身体がふるえ、三八度から三九度の高熱が出ます。

よく乳腺炎になると赤ちゃんにおっぱいを飲ませてはいけないという人がいますが、乳房治療をすれば、飲ませつづけることができます。乳腺炎の治療には、手技によって乳房の状態を良くして乳汁の流通を良くしたあと、三時間ごとに飲ませるか、搾乳するかを厳守することが必要です。また治療中は食事のカロリーを少し落とし、低カロリー食にすると効果があります。

化膿した場合には、外科的治療が必要となりますが、その時も桶谷式手技を併用します。とにかく飲ませつづけながら治療していくのです。化膿した乳腺からは乳汁は出ませんから感染の心配はありません。

なお、しこりができた時にしこりの部分をもみほぐしたりしてはいけません。痛くて発赤の強い場合は水で冷湿布をしますが、発赤した部分のみを冷やしてください。桶谷先生はチューブ入りの工作用の糊を冷蔵庫で冷やして、小さなアイスノンのようにして使うことを勧めていました。乳房全体を冷やす必要はありません。

乳腺炎になりやすい、しこりやすいのはどういったタイプの乳房でどんな場合が多いのかといいますと、袋乳といわれる乳汁の溜まりやすい乳房の持主で、赤ちゃんの飲み方が弱かったり、乳頭をゆがめてとらえて飲んだりして、乳房のリズムを崩してしまうような場合が多いのです。さし乳といわれるタイプの乳房でも乳児が乳頭をゆがめて飲んでいるような時には乳腺炎を起こしやすいようです。

舌小帯短縮症

乳頭をゆがめて飲んでいる場合は、赤ちゃんに問題があることが多いのです。赤ちゃんに舌小帯短縮症がありますと、舌の動きが悪くなり、うまく舌の両側をまるめて乳頭をとらえることができず、乳頭をすぐ離してしまいます。無理に飲ませていますと、どうしても乳頭をゆがめてしまいます。

舌小帯短縮症というのは、舌の裏側にある舌小帯が膜様または索状に舌の前方まで付いているものです。程度によって違いますが、舌の動きは制限されます。放置され大きくなって言葉を話すようになった時に、舌ったらずの話し方をすることがあります。

乳頭はもともと丸い形をしているのですが、ゆがめて一部分だけ飲んでいるとその部分が硬く肥厚し、飲んでいない部分の乳口は潰されてしまいます。潰された乳口につづく乳管は塞がり、その先の乳汁の溜まる腺腔から乳汁は出なくなります。すなわち乳汁うっ滞をきたし乳腺炎を起こすのです。(図7)

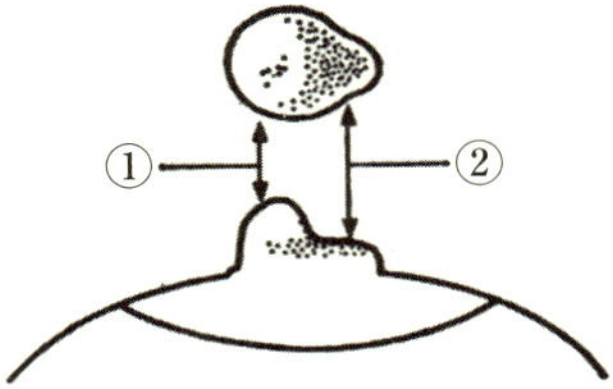

①は硬く肥厚している、
歪めてのむ
②はつぶされた乳口

図7　乳頭の歪み

舌小帯短縮症のある場合は、耳鼻科の先生と相談して舌小帯を切ってもらう必要があります。桶谷先生は、数多くの経験から生後すぐ切るとまた硬縮することがあるので、生後一か月～一か月半頃が切ってもらうのに良い時期だと言われました。

その他乳頭をゆがめて飲むことは、お母さんの抱き癖のせいや、赤ちゃんが上唇を内側へめくりこませるようにして飲む癖があるような場合に見られます。赤ちゃんの飲み方も大切です。上手に乳頭をとらえて飲んでいるかどうか、いつも乳頭をよく見ていなければなりません。

桶谷先生はよく言っていました、「人間のお母さんは、赤ちゃんがおっぱいを飲めるように片手で抱き、反対の手で、赤ちゃんが乳頭をよくとらえられるように口に入れてやらなきゃね」と。乳頭がいつも正しい位置でとらえられるように工夫して飲ませてください。時には反対抱きの方向で飲ませることも必要になります。反対抱きの飲ませ方というのは、右の乳房を飲ませるのに左の乳房を飲ませる時の方向に抱いて飲ませるのです（写真）。

いつも赤ちゃんまかせに乳頭をとらえさせるのではなく、ゆがめないようにお母さんが口に含ませて飲ませるように注意しなければなりません。そして飲んだあともゆがめていないかどうかを見ておくことが大切です。授乳期間中を

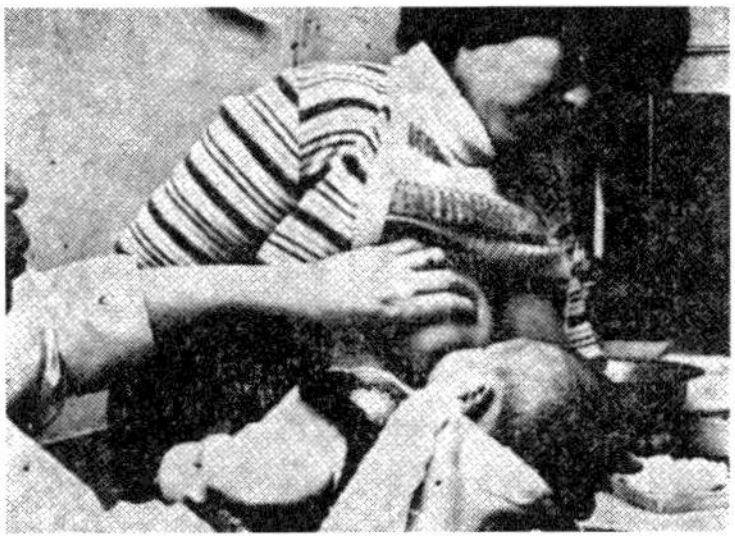

反対抱きで飲ませる。

通しておっぱいが痛むことなく哺乳がつづけられるように心がけてください。

乳房の健康を保つには

赤ちゃんに母乳を飲ませているお母さんの乳房を健康な状態に保つためには、個人的な点ばかりではなく、社会的な点からもいろいろ問題があります。社会的に見ますと母乳汚染につながる環境問題、食品添加物や化学肥料など食の問題、母乳感染の問題など日本の国だけではなく、国際的、地球規模で考え対策を立てていかなければなりません。現代では大家族であれ、核家族であれ、その中で母乳哺育を行っていくことはなかなか難しいことなのです。乳房の健康はとりもなおさずお母さんの心身の健康そのものです。個人的にお母さんが自らの健康のために運動、食事、休養に心がけることが何より大切です。適度な運動は是非とも必要です。赤ちゃんと一緒にCO_2の少ない緑の多い所を散歩してください。

食という字は人を良くすると書きます。食事を、赤ちゃんというかけがえのない命を育てているという自覚をもってやってください。地産地消といわれますが、旬のものをおいしく食べましょう。赤ちゃんと一緒にゆったりした時間を過ごしましょう。そして是非、赤ちゃんに子守唄を歌ってあげてください。その子のための子守唄をみつけてください。母という言葉を口にした時、心に浮かんでくる何とも温かい気持ちの高まりは、その腕に抱かれておっぱいを飲んだことによって育まれるのです。子守唄はその時のバックランド・ミュージックといったものでしょう。

人間としての基礎となる母と子の絆、しなやかで強い絆をつくるためにおいしいたっぷりのおっぱいで是非育ててください。育児は決してきれいな絵空事ではありません。大きなエネルギーのいる肉体労働です。無限の努力と忍耐力が要求されます。でも、産んだ子に母乳を飲ませることで育児に耐えられる身体ができるようになっていますから大丈夫です。

赤ちゃんが欲しがる時においしいたっぷりの母乳を飲ませられるよう、三時間ごとの乳房のリズムを崩さないように心がけて生活していきましょう。人と人とのつながりを大切にし、母乳哺育をすることによって、母体は健康になり、母性も健全に育ちます。そして健やかな次代が育まれていくのです。母と子が安心して母乳哺育ができる環境を社会がいかにして築いていくかが問われます。

Ⅷ

弱い子や障がい児にこそ母乳哺育を

小さく生まれた赤ちゃんにこそ母乳哺育を

月満ちて五体満足で子どもが生まれてくることは誰もが願うのですが、早産で低出生体重児（二五〇〇グラム以下）だったり、異常をもって生まれてくる子もいます。

生まれた子にその母親の母乳を飲ませることが一番いいのは当然ですが、子どもに異常がある場合には特に母乳の重要性が増します。桶谷先生は、幾人かの障害をもった子のお母さんの乳房治療をされた経験から、「弱い子ほど、母乳――良質の母乳――が必要だ」と強く思ったと述べていました。最近は、低出生体重児にはなるべく早期から少しずつ直接授乳による母乳哺育をすることが勧められています。しかし障がいをもった子を母乳で育てることは良いことだとわかっていても、現実には子の哺乳力が弱くうまく飲めない場合が多いのです。

そんな時、赤ちゃんが飲みやすくするために、桶谷式手技は活かされます。手技によって乳頭、乳輪部は柔らかく、伸縮性が良くなりますので、哺乳力の弱い低出生体重児や障がい児も直接授乳ができるようになります。

超低出生体重児も母乳で元気に育つ

第二次大戦後（昭和二十年）から昭和三十年頃までの、一三〇〇グラムから二〇〇〇グラムほどの低体重で生まれた赤ちゃんを桶谷式手技をしながら母乳で育てた記録が残っています。それによりますと、手技を受けて乳房の状態が良くなると赤ちゃんの発育も良くなり、母親の体調も良くなったことが記されています。

現在、桶谷式手技認定者の助産師は同じように小さく生まれた赤ちゃんを母乳で育てられるように、桶谷式手技を行ってお母さんを助けています。その一例を紹介しましょう。

超低出生体重児のAちゃん

三十四歳のM・Tさんは初めて妊娠し、日ごと赤ちゃんがお腹の中で大きくなっていくことを願いながら、無事に過ごしていました。妊娠二十六週、急に具合が悪くなって緊急入院しました。すでに羊水がほとんどなく赤ちゃんの状態が悪くなっていたので翌日、緊急帝王切開で出産しました。出生時体重は六〇六グラム、身長三二センチで生まれた女の子Aちゃんは仮死状態でした。助かる率は三〇％と言われましたが、奇跡的に生き返りました。それでも肺呼吸不全があり人工呼吸器が必要で、心不全や脳内出血の危険性もあり生存率は五〇％と言われました。幸い赤ちゃんの生命力は強く、治療に耐え保育器の中で順調に育っていきました。お母さんは母乳で育てたいと願い、入院中も搾乳して母乳を運び、チューブで哺乳していました。

赤ちゃんが直接飲まない乳房はどうしても分泌が落ちてきます。困って保健所に相談に行き、桶谷式手技の認定助産師Nさんを紹介されました。桶谷式手技を受けはじめたところ、分泌も良くなり、搾乳もし易くなりました。直接哺乳できるまでの四か月間、三時間ごとの搾乳をつづけました。赤ちゃんを思う母親だからできたことだとつくづく思います。おいしいおっぱいを飲ませたくて、食事には十分に気を配り、甘いものを控え偏りのない食事をしようと注意したそうです。

未熟児網膜症の手術も終え、ＭＲＩで脳の検査を受けた結果は異常なかったのですが、検査の際服用した睡眠導入剤で痙攣が起こり、状態が一時悪くなって心配しましたが、ようやく体調も落ち着き四か月目に直接哺乳ができるようになりました。その時のうれしさは、言葉に表せませんと言っていました。

その時の育児日記に、〝何度も夢にまで見た直母です。感動のあまり大泣きしました。看護師さんも一緒に泣いてくれて、一生忘れられない日となりました。生まれてから母性がだんだん薄れていき、愛情があまり湧かないことに悩みました。早く産んでしまったお詫びと母性を湧かすために度を越えて搾乳に執着してきました。だけど、吸って飲んでいる姿を見てこれから何があっても私たち親子は大丈夫・・・みたいな気持ちをもてました。〟と書かれていました。

二五一〇グラムになった生後百四十一日目にＮＩＣＵを出て、母子同室の小児科病棟に移り、十日間入院しているうちに赤ちゃんの世話にもいくらか慣れ、晴れて退院することができました。生後五か月が経って二八三一グラムになっていました。離乳食も順調に進み、定期的に発達療育センターで経過を診てもらってきています。はいはいをして背中やお腹の筋肉も強くなり、二歳誕生日少し前に独り歩きができるようになったところで、桶谷式断乳法で断乳しました。現在小学校三年生となり、元気に毎日登校しお友達と一緒に遊んだり勉強したりしています。小柄ですが、家ではとても良いお姉ちゃんです。

ダウン症児の良好な発育

生まれつき障がいをもつ子を産む可能性は、妊娠可能なすべての女性にあります。〝私に限ってそんなことはありえない〟とは、誰もが言えないのですが、自分の産んだ数少ない子に何もないと、つい他人事と思ってしまいます。今原因のわからない先天性疾患は、まだまだたくさんあります。自分の代に何もないからといって、子の代に、そしてその次の世代に異常が出ないとは言えません。障がい児の問題は、すべての人に関係のある問題なのだと思ってください。

あるダウン症児のお母さんの言葉が忘れられません。〝私は中学卒で学歴はありませんが、子育ては誰にも負けなかったと思っています。この子を育てられなかったら、障がいのないこの子の兄と妹の二人も育てられないのだと思いました。〟障がいをもつ子を育てる親に、特別な方法はありません。普通の子を育てるのと同じです。ただ母親の愛情と忍耐は何倍も必要です。このお母さんは、そのことを身をもって体験しました。生まれた時から母乳を飲ませることに始まって、保育園、小学校、中学校と地域の学校で学ばせ、大人になって福祉施設の作業所に勤めるようになるまで、心配や苦労で、お母さんはずいぶんやせました。このお母さんを見て、女性にとっての子育ては、まさに人間の生き方そのものだと思います。

現在、何か障がいをもったお子さんを育てておられるお母さんは、選ばれた私たちの代表と言ってもよく、次に誰にその役割がまわってくるのかはわかりません。今現在自分に関係ないからといって、無関心でいていいはずはありません。医学が進歩したとはいえ、まだまだ原因も治療法もわかっていない疾患はたくさんあります。

染色体異常によるダウン症候群もその一つです。染色体は人間の場合46本あり、常染色体四十四本、性染色体二本からなっています。常染色体は二本ずつ対《つい》になっていますが、二十一番目の染色体の数が三本あるのがダウン症候群です。六百から七百人に一人の割合でダウン症の子が生まれます。原因はわかりません。以前は、高年齢出産に多いといわれましたが、必ずしもそうではないことがわかりました。ダウン症候群の子どもは民族、性別を超え、みな同じ特徴をもっています。その顔つきに特徴があり、一目見ればわかり、目と目は離れてややつり上がっています。鼻根部はペシャンコで、舌が大きく、いつも口から出しています。耳の位置、その他手掌紋にも特徴があったり、病気に対する抵抗力は弱く、中には先天性心疾患を合併したり、白血病にかかったりする児もいます。筋肉の張り方が弱く新生児期は泣き声も弱々しく、哺乳力も弱くなかなかおっぱいが飲めません。消化吸収の面では頑固な便秘になるなど問題があります。

抗生物質がなかった時代には、感染症で一歳までに亡くなる赤ちゃんは少なくなかったのですが、ダウン症児は特にこれが著明でした。正常な子に比べ、特に免疫力の弱いダウン症児は、肺炎にかかって死亡することが多く、成長は難しいといわれていましたが、現代では医学の進歩によってそういうことはありません。抗生剤投与をはじめ、適切な治療を受ければ感染症は治ります。注意して育てれば、立派に成長し、短命ということはありません。

手をかけずに放っておきますと、運動機能も知能の発達も遅れ五歳頃になってやっとつかまり立ちができるということもありました。ダウン症児では言葉に特に遅れが目立ちます。赤ちゃんのうちからその子に応じて十分に手をかけて刺激を与え、余分な病気にかからないように気をつけながら育てていかなければなりません。

桶谷先生は生前数例のダウン症児の母親の乳房治療をしました。良質な母乳はこの子の発育を良くし、発育の遅れを少なくすることを経験しました。ダウン症児も母親に桶谷式手技を行い、乳頭、乳頚部の伸縮性を良くして飲みやすくしますと、初めから直接母乳を飲むことができます。手技をつづけ常に乳房を良い状態にしておくことで、一歳頃までには、ほとんど普通の子と変わらなく発育をします。

最近のダウン症児の例を紹介しましょう。

U樹ちゃんは、三十六歳のお母さんの初めての赤ちゃんです。妊娠三十六週帝王切開で生まれました。生下時体重は一六八八グラムで、合併症として心房中隔欠損と甲状腺機能低下が見られます。生まれて間もなく小児科医師の説明で、染色体の検査からU樹ちゃんはダウン症候群であることを知りました。二か月十八日目に退院、入院時から搾母乳をチューブか哺乳瓶で飲ませていましたが、家に帰って直接おっぱいを飲ませようとしましたがなかなか上手に飲めませんでした。乳頭をゆがめて飲むので、おっぱいにしこりができ、余計飲めなくなってきました。

生後三か月二十三日過ぎに桶谷式手技認定者の助産院を訪ねました。体重は四二八二グラムでした。早速手技を受け、しこりは取れて乳房全体は柔らかくなりましたが、乳房の基底部の癒着が強く、癒着が残り完全に良い状態ではありませんでした。授乳回数を増やしながら、低カロリー食を摂るよう指導して、三日後に二回目の受診をしました。乳房の伸縮性は良くなってお り、赤ちゃんはだいぶよく飲めるようになったとのことでした。一回の哺乳量は二〇ccと前後だったのですが、四〇〜五〇ccと飲める量が増えました。さらに三日後の三回目には、直接授乳で毎回七〇〜一〇〇cc飲めるようになり母乳を搾乳することもなくなり、補足もしなくなりました。

体重増加は良好で一回目の手技から一か月間で一一一グラムも増えました。一歳二か月の現在では体重は七六八五グラムで療育センターで順調な発育を褒められたそうです。体重ばかりではありません、無反応に近かった顔の表情も出てきて、活発な反応が見られるようになり、六か月頃からは手足をよく動かすようになりました。首の据わりは八か月、一歳の時にはお座りとずって這うようになりました。皮膚の色つやも良くなり血色、筋緊張も良くなってきています。検査結果では心房中隔欠損もあと数㎜となり、甲状腺機能低下も改善してきているとのことです。これから先、独り歩きできるようになるまで、離乳食と合わせて良質な母乳を飲ませていきたいとお母さんは定期的に桶谷式手技を受けに通っています。

IX

働くお母さんと母乳哺育

仕事と育児は車の両輪

女性の高学歴化、経済的自立、家事労働の合理化など社会環境の変化につれ、勤めに出て働く女性は増えつづけ、労働力人口に占める女性の割合は四一・五％となり、そのうち有配偶者は五七・二％を占めます。働くことはすばらしいことです。その仕事が自分に合っていて、自分のもっている能力を伸ばすものであればなおさらです。仕事を通して自分も育ちます。社会に出て仕事をしたことのある人は、家事とはまた違った充実感と楽しさを味わったことでしょう。

仕事をしていて、子どもが生まれますと、仕事をつづけることに、いろいろ問題が出てきます。よく、仕事か育児かという問いかけがありますが、仕事と育児とは天秤にかけられません。それは車の両輪のようなもので、どちらがレールから外れても、車は転覆してしまいます。両輪をバランスのとれたエネルギーでまわしつづけなければ車は前進していきません。仕事が社会的に重要なように、育児は人類の存続につながる大切な営みです。そして、女性にとって育児とは、いかに生きていくかという問題でもあると思います。子を産み育てることで人間としても成熟していきます。結婚し、子を産み育て、なおかつ自分の仕事もつづけていくためには、どうすればいいのか、現代の社会では問題がいろいろ多く、なかなか理想どおりにはいきません。長年携わってきた四か月乳児健診での例をお話ししましょう。

働きながらできる母乳哺育

「この子は母乳以外に飲もうとしないのです。ミルクを飲ませようとしても口をへの字にして受け付けてくれません。世話をしてくれている私の母も困っています」と言うお母さん。

「いつから仕事に出たの？」

「今月の十五日（生後三か月）から……」

「無理もないですよね。でも、心配しなくてもいいですよ。お腹がすけばミルクを飲むようになりますから、〝仕方がないな！〟と言わんばかりに。

それにしても、どうしてそんなに早く仕事に出るのですか？　一年間の育児休業が法律で保障されているのを知っているでしょ？」

「知っています。でも小さな会社ですから人手が足りなくて、出てきてくれと頼まれたので。それに、生活も苦しいんです……」とつらそうに言うお母さん。

そうです。一年間の育児休業制度があることは、たいていのお母さんは知っています。どんなに法律で定められていても、それを行使できるのは名のとおった大企業か公的機関に勤めているお母さんたちだけです。

企業のほとんどが中小企業という地方では、せっかく育児休業の権利はあっても、実際に活用できないお母さんが多いのです。そういうお母さんたちが働きつづけながら母乳哺育をつづけられる方法についてお話しします。

「職場にいる時は、トイレに行く回数が増えたくらいに思って、三時間以内に乳頭に刺激を与えることがまず必要です。搾乳する必要はありませんが、赤ちゃんが吸いついて飲む代わりに、お母さんの指で乳頭を刺激してくださ い、搾乳できればなおいいのですが。おっぱいに呼吸させるつもりでね。四時間も五時間もあけないこと。お休みの日や、朝、夕はいつものように赤ちゃんにおっぱいを飲ませてくださいい。それで母乳哺育はつづけられますよ。赤ちゃんが一歳になるまではいろんな感染症にかかる機会も多くなりますから、母乳があるのとないのとではずいぶん違います。……ところで、職場に搾乳できる場所はありますか？」

「いいえありません。更衣室かトイレしかないです」

母乳哺育がやりやすい環境は私が保健所に勤めていた三十年前頃とあまり変わらず整っていません。誰かかが変えてくれるのを待っているのではなく、女性自身が、周囲の人たちに働きかけて育児環境を変えていく積極性が必要だと思います。お母さんと赤ちゃんだけの問題ではなく、社会全体の問題として周りに働きかけることが大事です。取り組まなければなりません。

もう三十年近く前になりますが、来るべき超高齢社会の日本のあり方を考えるために北欧・ヨーロッパの視察旅行に参加しました。ノルウエーで、説明してくれた女性の大臣の話が印象深く思い出されます、「この国では子どもが生まれたらどのように働くか、選択肢がいくつかあります。働きつづけたい女性には〇歳児から安心して出せる保育所と労働時間の短縮、三歳まで育児に専念する女性には育児休業を。その場合には、育児手当が支給されます。育児休業中でも給料の一部が支給されます。福祉保障も完備されていますから、安心して子どもを産み育てられるのです……」と。

先に述べましたように、日本でも育児休業制度は平成三年に制定され、一歳までの乳児を育てるお母さんたちに育児休業は保障されていますが、経済的な保障はありません。今のような不況の中、どうしても働かないと生活がきびしいお母さんが多いのも現実です。そんな場合でも、せめて安心して子どもを託せる保育所が家の近くにできることを願ってやみません。〇歳児から施設保育に預けることを、負い目に感ずるお母さんもいますが、アメリカでの調査では、〇歳から保育園に出してもその後の成長発達にマイナスとなるような影響は見られなかったということです。ただし、その場合母と子の絆がしっかりとできていることと、保育する保育士の質が高く良いことが大切です。

ある働きながら母乳哺育をつづけているお母さんは言いました。

「産休明けから働かざるをえない母親にこそ母乳育児が必要だとつくづく思いました。朝と夜、そしてお休みの日、子どもにおっぱいを飲ませることで子どもと自分との絆が切れないでつながっているのだと思うと、どうして授乳がやめられましょう。自分が子どもにしてやれることは、家へ帰った時、おいしいおっぱいを飲ませることだと思うと、職場での三時間ごとの搾乳も苦にならなくなりました。その時に何より支えになるのは、やはり産後から励ましつづけ、乳房手技をして手助けしてくれた助産師さんをはじめ、周りの人たちです」と。

私の周りにも、産休明けから仕事に戻って日中搾乳した母乳を次の日に赤ちゃんに飲ませる方法でミルクを足さないで母乳哺育をつづけている保健師と事務職の方がいました。忙しい仕事の合間をみては、一生懸命に搾乳している姿を見ていますと、胸がいっぱいになって〝がんばって〟と応援せずにはいられませんでした。そういうお母さんたちは余分なことをして、くたびれ果てているかというと、決してそういうふうには見えません。むしろ顔の色つやも良く、仕事ぶりもテキパキしていて活力にあふれていました。

母乳哺育をつづけていくことで、母親の健康をそこねることは決してありません。むしろ、まったくその逆で、母乳を出しつづけることによって各種のホルモンの分泌は良くなり、母体は健康になるのです。それが一般には、〝働きながら母乳を飲ませつづけるなんて母体に負担をかけることになる〟と考えられているのは、まことに残念です。

困難を克服して

働きながら母乳哺育をつづけたお母さんに感想を述べてもらいました。

不安な気持ちを乗り越えて（保健師・橋爪弘子）

我家の三男坊、崇洋《たかひろ》は、オンモが大好きで、靴を履いて外に出ていれば最高！という感じです。チョコチョコと歩きまわる後姿を見ながら、出産後のことをふり返ってみると、長いようで短い一年余でした。

そのあいだの一番の願いは「母乳で丈夫な子どもに育てたい」ということでした。「母乳は誰でも出るんですよ。がんばってくださいね」と、いつもお母さんたちに言ってきましたが、いざ自分のこととなると正直なところ不安でした。「何が何でも母乳で」と、泣くたびに含ませ、産後一か月くらいは、オッパイに明け暮れる毎日でした。温湿布をし、祈るような気持ちで子どもを抱きました。

幸い、私は生活環境に恵まれ、母乳哺育の熱心な推進者である小林先生が職場の上司であり、また実際に二回ほど桶谷式治療手技を受けることもできて、次第に母乳哺育が確立していったように思います。そのことにあわせて、我息子は哺乳力が強く、そのことも大きく影響していたのかもしれません。

産後八週間の休暇が終わり出勤、その時も不安でいっぱいでした。そのころ、まだ授乳に三十分くらいかかり、「こんな状態でつづけられるだろうか」と心配しました。核家族のため産休明けから預かってくれる保育所（無認可）へ初めて子どもを預けた日、こんな小さな子どもを連れ出す自分に対して腹立たしく思いました。しかし、「仕事はつづけたい」という気持ちを押さえることもできず、子どもに謝りながら、時にはせつなくて、一緒に泣きながらの毎日が始まりました。

乳児期前半は、授乳をするために昼休み時間を利用して保育所へ通い、離乳食が進んだ後半には搾った母乳を届けるかたちでつづけ、独り歩きの始まった十一か月まで母乳を与えることができました。このことは、ひとえに私の周りの人たちのおかげです。職場の上司、同僚の協力と理解、昼間の保育者である保母さんたちの熱意、そして家族、特に父親の支え、それらに助けられ、なんとかやってこれたと思います。遠方への出張の車中、固くなった乳房に手をあて、濡れてきたブラウスを隠し、つらくて涙ぐんだこともありました。でも今は、母乳を与えつづけることができて本当によかったと思っています。もし、事情が許せばもう一度挑戦したいと思いますが、すでに四人の子どものいる私にはたぶん無理なこととあきらめています。仕事をつづけていると、どうしても人まかせになりますが、「できる限り母親の手をかけて」ということからも母乳をつづけることは大切なのではないでしょうか。

家族と職場の協力を得て（事務職員・中村　栄）

私が独身のころ、私の姉もやはり、お祖母ちゃんに子どもを預けて仕事をつづけていました。姉の最初の子は男の子で、あまり乳が出なかったため、ミルクで育てていましたが、夜中でも泣けばミルクの目盛を気にしながら計り、熱ければ水道で冷やして、ちょうどいい温度にして飲ませていました。子どもは泣いているし、一度に飲んでくれればいいけれど、すぐ目が覚めてまた泣きだせば、何で泣いているかわからないから、また作り直さなくてはならない。寝ている暇もないくらい大変だ、という話を聞いて本当に大変だと思いました。

そのうち、二人目が生まれたのですが、その子が二四〇〇グラムしかない低体重児で、姉もずいぶん心配して必死に母乳で育てようとしました。そのかいあって乳がよく出るようになり、片道九キロある自宅まで、お昼休みの一時間を利用して乳を与えに帰りました。これもずいぶん大変だったようですが、子どもが小さくて弱いので一所懸命だったようです。それで姉に、「ミルクと母乳とどちらが大変？」と聞いたところ、即「ミルク」という返事が返ってきました。「泣いた時、おっぱいさえ出しておけばそれでいいし、夜中にゆっくり眠れるのがずいぶん楽だよ」と言っていました。

二人が一歳を過ぎてからのことですが、やはり最初の子は親が神経質になるということがあるし、男の子ということもあるのでしょうが、二番目の子に比べるとずいぶん病院通いが多かったような気がします。二人とも大きな病気はしなかったけれど、下の子は小さく生まれてもとても丈夫で、一歳半ぐらいで普通に生まれた子どもに追いついたようでした。

そんな姉や子どもたちの姿を見て、私も是非母乳で育てようと思い、産休が明けてからは毎朝乳を飲ませてから哺乳ビンにおっぱいを搾り、職場でもまた十時と三時に搾らせてもらい、昼はおじいちゃんに子どもを職場まで連れてきてもらい、夜も飲ませてから搾り、夜中もおっぱいが張ってくると搾るという生活をしました。おっぱいを搾るために眠れない時もよくあり、翌日疲れが取れずに大変だと思うこともしばしばでしたが、子どもが風邪を一回ひいたくらいで、大きな病気もせずに丈夫に育つ姿を見ると、がんばってよかったと思います。

女性が仕事をもって子どもを育てることは大変なことですが、ミルクで育てても母乳で育てても、それなりに大変なら、子どものために良いとされている母乳で育てたいと今でも思います。そのためには、職場の理解と協力、家族の理解と協力が必要で、私はおかげでちょうどその二つに恵まれていたのですが、仕事をもって子どもを育てようと思うのなら、自分からも積極的に理解と協力を求める努力も必要なのではないかと思っています。

母乳哺育をつづける工夫

育児休業が取れ、初乳から断乳まで授乳できることが母子にとってもっとも望ましいことです。しかし、それができない時には、与えられた制限の枠内で子どもにとって一番良いやり方を考えなければならないのが現実です。

母乳哺育の良さはいろいろありますが、直接お母さんの乳頭から赤ちゃんが母乳を飲むことにもっとも大きな意義があります。母乳を搾ってビンで飲ませたのでは、母乳哺育の良さは半減すると言っても言い過ぎではありません。母乳哺育の良いところは抱っこされて直接乳房から飲むことによって、母と子のあいだに切っても切れないしっかりした母子の絆ができていくというところにあるのです。一回でも多く子どもに乳房を含ませてほしいと思います。どうしても直接飲ませられない時には、次善の方法として搾乳保存した母乳をビンで飲ませるやり方をとります。そのためには母乳が十分に出ることが必要です。次に母乳の搾乳の仕方と保存の方法を述べます。

母乳は乳児が飲む時には乳房の奥のほうから乳頭に向かって、湧くように出てくるものです。それを赤ちゃんが飲むのです。搾乳は赤ちゃんが飲む代わりをお母さんがするのです。赤ちゃんが飲む位置をお母さんの親指と人差し指ではさむようにして搾るのですが、乳房の組織をいためないように注意してください。詳しい搾乳法については第五章で述べました。搾乳器の使用には注意が必要です。桶谷先生は、できるだけ搾乳器を使わずにお母さんの指で搾乳することを勧めていました。

搾乳器を使用するとどうしても乳輪部、乳頭が腫れて組織をいためますので、その次の哺乳時に乳児は飲みにくくなります。どうしても使用しなければならない場合には、使用回数をできるだけ少なくするようにしてください。

哺乳ビンは煮沸消毒しておきます。搾乳するお母さんの手指は、石鹸を使って水道の流水でよく洗ってください。搾乳した母乳はなるべく時間をおかずに、赤ちゃんに飲ませたいものです。

次に、搾母乳の保存法ですが、搾乳してから二十四時間以内ならば五度以下の冷蔵庫で保存します。二十四時間以上保存する場合には冷凍庫で凍結させます。母乳の成分、免疫物質などの保存温度による変化の研究から、冷凍温度はマイナス二〇度がいいだろうといわれています。長期間保存する場合はマイナス八〇度にしますが、これは一般の家庭では不可能でしょう。凍結させる時には母乳パックを使用すると便利でしょう。母乳パックは薬局で市販されています。

飲ませる時には冷蔵庫保存のものはビンごと湯せんにして人肌に温めて飲ませます。凍結の場合は、一リットルくらいの容器に水を入れて、その中に母乳パックを浸し、水を二〜三回取り替えます。解凍した母乳は人肌に温めて飲ませます。解凍した母乳は再び凍結させてはいけません。飲み残しは捨てましょう。

次に人工乳首を使うとすれば、どんな乳首が良いかについて述べます。栄養物を口の中に流し込むだけならば、どんな人工乳首でも問題はありませんが、乳を飲む行為が赤ちゃんの発達に重要な役割を果たすとなりますと、いい加減にはできません。歯科のお医者さんは、乳を飲むこと（乳飲み行為）は顎骨の発達を促し、健全な歯列形成のために大切であるといいます。

お母さんの乳房から直接母乳を飲む時には、赤ちゃんは舌と上顎で乳頭をとらえて吸い、それを噛む、すなわち咀嚼し、搾り出し、飲み下す、四種の運動をリズミカルに繰り返します。飲みはじめの二分間で約五〇％飲んでしまい、次の四分間で七〇％～八〇％飲みます。一回の授乳量としての必要量は飲みはじめてから、わずか五分くらいで飲んでしまうのですが、顎の運動と、お母さんとの肌の触れあいを考えますと、二十分～三十分かけて哺乳することが必要です。顎と舌の運動ばかりではありません。直接哺乳は赤ちゃんにとって全身運動です。顔を真っ赤にしてゴクンゴクンと飲む赤ちゃんを見ていますと、乳を飲むということが口先の仕事ではないことがよくわかります。力のいる全身運動で体温も上がりますから、哺乳時には一枚薄着にしたほうが赤ちゃんは飲みやすいのです。

そもそも赤ちゃんと呼ばれるのも、全身で乳を飲むことをつづけていると、皮下の毛細血管まで循環が良くなり、血色が良くなるためで、一見して赤く見える〝赤ちゃん〟になるわけです。それに比べて、従来のゴム乳首の飲み方は顎を十分に使わなくても飲めるのです。主に上下の唇を動かすだけで簡単に飲めてしまいます。全身の力を使う必要がありません。眠っていても、口をパクパク動かすだけでミルクが流れ込んでいきます。人工栄養の赤ちゃんは透き通るような白さで、決して赤くは見えません。

簡単に飲める人工乳首で飲んでいますと、下顎も十分に発達せず、顎の形が

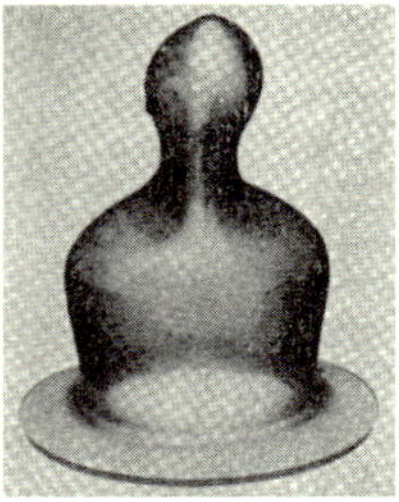

ヌーク乳首
（写真提供：ミツワホーム）

ゆったりしたU型にならずV型になるといいます。そして歯の生え方、歯の質にまで影響します。虫歯予防は食べ物や歯磨きばかりでなく、食べ物の摂取の仕方も問題にしなければならないのです。

このように人工乳首を使う時には、直接哺乳となるべく同じような力を使って似たような飲み方のできるゴム乳首を選ぶ必要があります。ドイツ製のヌーク乳首は、その点を考慮して開発された乳首です（写真）。

ビン哺乳の場合には、授乳時に必ず赤ちゃんを腕に抱いて、母乳を飲ませる時のような姿勢で飲ませましょう。そしておいしい母乳をできるだけ長く飲ませつづけるために、お母さんは職場で三時間ごとに搾乳する気持ちをもってください。どんな職業に就いていようが、育児休業が安心して取れ、どの子も母乳で育てられることが保障される社会を社会全体で築いていかなければならないと思います。

X

母乳はいつまで飲ませればいいの？

――上手な断乳の方法と時期――

離乳食と母乳哺育

人間の食性の基本は雑食性です。また、他の動物と違って火や調味料で調理した食物を主に摂ります。乳汁だけでは長く生きていけません。「離乳」とは乳汁だけで養育されてきた赤ちゃんに、流動食を与えて、次第にその硬さを増し、量と食物の種類を増やしていって幼児の固形食へと移っていくことをいうのです。

乳汁を飲むのと違って食物を舌で受けて飲みこむことができるようになるのは、個人差がありますが、だいたい生後五か月頃です。したがって、このころから離乳を始めていくといいのです。早過ぎますと、舌で離乳食を突き出します。大人が食べているところを赤ちゃんが、じっと見つめるようになり、よだれがたれ始めるころです。三～四か月頃から果汁やスープ、重湯などを与えても、離乳食開始とは言えません。桶谷先生は、生後百日までは母乳が主食である、それから五か月までは母乳が主食だが、少しずつ離乳食を併用する、それ以後断乳までは、母乳は併用するが、離乳食が主食となると考えていました。乳質を良く保ちながら、赤ちゃんの発育に合わせて離乳を進めていきます。

昔は、母乳の出がいいからといつまでも母乳だけで育てていたお母さんがいました。離乳が遅れますと、発育に必要な栄養が不足し、鉄不足による貧血などが起こります。どんなに母乳分泌が豊かであっても、適切な時期から離乳食を開始することが必要です。ただし、母乳は離乳食と併用して断乳まで飲ませます。桶谷先生は、離乳食は授乳する三十分前に食べさせなさいと、指導していました。それは、赤ちゃんにとって初めての食物で、異質なものである離乳食は、母乳の中の酵素の助けを借りて消化吸収されるという考えからです。授乳時間の三十分前に離乳食を食べさせる方法ですと、授乳のリズムも崩れません。

乳腺炎——うっ滞性乳腺炎がほとんどですが——は出産後一～二か月に多く見られますが、次に多い時期は七～八か月頃です。これは離乳食が軌道に乗って、その量も増えてきますと、どうしても母乳を飲んだり飲まなかったりするようになり、授乳が不規則になるからです。飲まないため溜まり乳になると、おいしくなくなり、乳房の基底部の状態も悪くなって、乳頭の伸びも悪くなり、赤ちゃんは飲みにくくなります。無理に飲ませようとしますと、赤ちゃんは怒って乳頭をグイッと引っ張ったり噛んだりします。歯が生え始める時期でもあり、多くのお母さんは、〝歯が生えてきたので噛むのかしら〟と思い、噛まれた時の痛さも手伝って、ますます飲ませるのがおっくうになり、何となく赤ちゃんが泣いた時にだましに飲ませたり、夜寝る時だけ飲ませるというふうに授乳が不規則になってしまいます。

赤ちゃんは、歯が生えたからといってお母さんのおっぱいを噛むものではありません。乳質が落ちておいしくなくなった時、飲みにくくなった時に赤ちゃんは噛んだり引っ張ったりするのです。そして、決してお母さんに妥協はしません。気に入らないとガンとして拒否します。赤ちゃんが嫌う乳房にならないよう、お母さんは常に心がけなければなりません。断乳まで良質の母乳を飲ませられるようにしましょう。

離乳食として、何を食べさせるのかについては、地域性もありますが、日本人の場合はやはり主食が米ですから、米の粥から始めるのがいいでしょう。近頃はパン食も盛んですが、パン粥は離乳が少し進んでからにしたほうがいいと思います。ベビーフードのビン詰めや、フレーク粥なども多く出まわっていますが、やはりお母さんの手作りが一番です。難しく考えることはありません。トロ火にして、かけておくだけで掃除をしているあいだにお粥はコトコト炊けています。母乳に始まる赤ちゃんの食生活は当然ながら、無害な食物をおいしく調理して適量食べさせ、離乳食から幼児食へとつなげていくことです。味覚は渋味など一部遺伝的な影響もありますが、多くは生まれてからあとの繰り返しで覚えるといわれます。うっすらと甘い、おいしいおっぱいから穀物の甘さ、野菜の甘さや味、魚や肉のおいしさなどを教えるのはお母さんの役割です。

〝おいしいわよ。ほら、アーンして、モグモグ。カミカミ。そう。おいしいねー。〟

赤ちゃんに食べさせる前に温度を見て、自分でも食べてみせ、それからひとサジひとサジ口の中へ入れます。赤ちゃんも真似をして口をあけ、舌でとらえてモグモグ噛む真似をします。そして今まで味わったことのない食物を食べられるようになっていくのです。栄養が不足していなければいいとか、空腹が満たされればいいということではなくて、身体と心をつくっていくのに大切な食物を一つ一つ受け入れて、食べることを覚えていく大切な過程が離乳食の時といえましょう。朝食を食べていなかったかもしれない独身時代とは異なり、お母さん自身が、良く生きるために〝食べること〟をよく考え、あらためて自分の食生活の見直しができる時だと思います。

穀類、野菜類から始めて、一か月ほどして慣れてきたら植物性蛋白質、植物油、魚類、卵、肉類と進めていきます。個体差がありますから、赤ちゃんの発育と体質に合わせて食品の種類を選んでいきます。食べさせる回数も初めの一か月は一日一回、それから二〜三か月間は二回、それに慣れれば以後は三回と増やしていきます。ただし、これはあくまでも目安で、赤ちゃんの発育に合わせて、加減をしながらやっていきます。

母乳だけ飲ませているあいだに、赤ちゃんがアレルギー反応を起こした時は、お母さんが食べたものが原因である場合もあります。原因となる食べ物が何であるかが確かめられれば、離乳食としてはなるべく食べさせないほうがいいでしょう。そういった食べ物は、一歳過ぎて幼児食に入るころから様子を見ながら食べさせます。長い生涯、いろいろな食物が食べられるようになるためにも、アレルギー反応を起こすものは少し大きくなってから食べさせましょう。人間が生きていくのに大切な食生活が、楽しく、豊かなものになるためには、その出発点である母乳と離乳食の意義は大きいのです。

母乳はいつまで必要か

お母さんからよく聞かれることに、いつ母乳をやめるかということがあります。

戦前日本では、誰もが母乳哺育で、いつまでも子どもたちはおっぱいを飲んでいました。戦後の食糧難の時代、おやつ代わりとでもいうように、小学一年生になってからも、学校から帰ってお母さんのおっぱいを飲んだと、なつかしそうに話してくれた知人がいます。その時、嫌がらずに飲ませてくれたお母さんのおおらかさと、豊かなおっぱいの記憶は友人の大切な思い出なのでしょう。

最近は、「母乳哺育は母子の共同作業だから、お母さんさえいやでなく、納得していれば、子どもが欲しがらなくなるまで飲ませてもいいでしょう」とも言われています。

はたして母乳は母親さえよければ、いつまでも飲ませていてもいいものなのでしょうか？　母乳哺育がいかに栄養、免疫、アレルギー、母子関係などの面で優れているとしてもその授乳期間のとりかたで、子どもの発達にマイナスになります。そのようなことが起きれば、それは非常に残念なことです。

何事も、始まりと終わりは大切です。もちろんその過程も大切ですが……。

母乳哺育は初乳に始まり、断乳に終わります。最近、断乳は子どもの心にトラウマを与えるかもしれないから、自然に飲まなくなっていくまで待つ自然卒乳のほうがいいのではないか、という意見もあります。母乳哺育について、免疫の面から見て、初乳の大切さ、早期授乳がその後の母子関係と子の人格形成に大きな影響を及ぼすことから、母乳哺育の始まりの重要性は強調されていますが、いつやめるかについては、定説がありません。

「初乳の重要性から、免疫学的に見て初乳さえ飲ませたら、あとはまあ飲ませることにこしたことはありませんが、何が何でも母乳でと、お母さんたちに無理強いはできませんね」

「完全母乳を勧めることは、お母さんにストレスになることもありますから……」

「一歳半まで母乳を吸わせていると、断乳には骨が折れます。そのころになっておどしたり、しかったりして断乳することを考えれば、二～三日でやめられる八～九か月頃に断乳するのが楽でいい。九か月になれば離乳食が三回となり、母乳からの栄養は期待しないでも良くなりますね」等々です。

桶谷先生は、長年の治療体験から断乳の時期について、次のように言っています。

「人間の特徴の一つは、立って歩くこと（直立二足歩行）です。人間の子には、その独りで立って歩けるようになるまで母乳哺育が必要であり、独りで歩けるようになったら、きっぱりと断乳することが大切です」

この立って、独り歩きができるまで母乳哺育が必要であるという考え方はとても人間の子の発育にかなったものだと思います。他の哺乳動物に比べますと、人間の特徴はいくつかありますが、直立歩行ができ、手が使えることは大きな特徴です。他の哺乳動物より生理的に未熟な状態で生まれてくるヒトの子が、自分の足で立って歩き、人間が食べる食物をほぼ食べられるようになる時（離乳完了）は、まさに人間への第一歩を踏み出した時と言ってよいでしょう。他の哺乳動物に見られる一定の型を示す子別れは、種の保存のためといわれますが、乳離れすれば親から独立して生きていける動物と違って、人間の子が社会的に独立するまでには、気が遠くなるほど長い親による養育が必要なのです。

人間の場合、独り歩きができて、離乳食が完了した時が第一回目の母子分離の時です。その時まで母乳哺育は必要なのです。画一的に、子どもが生後何か月になったら母乳をやめましょうという断乳法に比べて、独り歩きができるようになるまで母乳を飲ませるという桶谷先生の方法は、合理的です。個々の赤ちゃんの発育を配慮し、大切にする断乳法です。断乳によって、出産後つくられていた母子の関係はいったん断たれますが、そこから次の段階の母と子の絆がつくられていくのです。第一回目の母子分離までの強い母と子の絆が基礎になって心のつながりができていきます。

頻回に抱いて飲ませたりする一歳までの授乳のあいだは、母の胸、乳房とのつながりなどから、乳児時代といえます。一歳を過ぎた幼児期は、手と手を介し、なでたり、抱いたり、手をつないでお散歩するなど、肌と肌との触れあい（タッチング）が何より大切です。人間とは、字に示されているように人と人とのあいだで生きていくということですが、まず母子のあいだで形づけられる肌と肌との触れあいを通しての心地よい関係、お互いの理屈でない絶対的な信頼関係が、人間として育っていく基礎となります。桶谷式断乳法で断乳したお母さんたちは口々に言います。

「断乳したあと、急に子どもが、成長したように思います。ききわけが良くなり、一人遊びもできるようになりました」。

桶谷式断乳法

桶谷式断乳法とは、どのようにしておっぱいをやめるのでしょうか。普通は、なかなか昨日まで飲んでいた母乳をやめるのには苦労するようです。そんなにすっぱりと即日断乳ができるかしらと、不思議に思われるお母さんが多いのですが、それができるのです。

断乳は赤ちゃんが独り歩きを始め、ふらふらしたり、転んだりせず完全に歩けるようになって（歩きはじめて一か月ほど経って）、赤ちゃんの健康状態の良い時、風邪をひいたり、下痢などしていない時に行います。身体の調子の悪い時は避けます。またお母さんのほうも体調の良い時、特に乳房にしこりや、乳頭に亀裂がない時に断乳をします。もし乳房の状態が悪い時には、先に治療をして良くなってから断乳に入ります。断乳する二週間くらい前から桶谷式手技によって、乳房の状態を良くしておくと、断乳はうまくできると桶谷先生は言っています。

この時期には三回の離乳食（もう後期離乳食か幼児食を食べているわけですが）のあとに母乳を飲ませ、夜間も飲んでいるのですが、断乳を決めた日の朝は、一回目の授乳はいつものように飲ませます。二回目の授乳までのあいだに、お母さんはおっぱいに、〝へのへのもへじ〟の顔を描いておきます。描くのはマジックでも墨でもいいのです。そして赤ちゃんがおっぱいを飲みに来た時さりげなく、いつものように抱いて飲ませるようにおっぱいを見せます。それだけでいいのです。おっぱいを、一目見ただけで、赤ちゃんはもうおっぱいを欲しがりません。〝おっぱい、ないない〟と自分から離れていきます。

なぜそうなるのかはわかりませんが、とにかくおっぱいを飲まないのです。よく絆創膏を貼ったり、芥子を塗ったりする人がいますが、桶谷先生はそういったやり方を勧めませんでした。顔を描いたおっぱいが赤ちゃんにどう見えるのか、そしてどうしてそうなるのかはわかりませんが、立って独り歩きできるほどに脳が発達していれば、顔を描いたおっぱいを見ただけで断乳できます。そして、不思議に思うのは、おっぱいに顔を描くということは、母親にとって決して良い気持ちのすることではないのですが、それを見て赤ちゃんが恐怖心を抱くとかいやな思いをするわけではないようだということです。

おっぱいに顔を描かなくても、〝もう今日で、おっぱいおしまいよ。バイバイ〟と言うだけで断乳できる子もいます。いずれにしても、独り歩きできて、昼間のはっきり目を覚ましている時に断乳を行います。夜だけ授乳していて、昼間はほとんど飲ませていない人の場合、赤ちゃんが寝ぼけまなこの時に、このような断乳法を行っても効果はありません。

今では、なつかしい思い出ですが、私自身が五番目の子に断乳を行った時のことをお話しします。

もうこの子で母乳哺育も最後だろうと思い、少しゆっくり飲ませようとしているうちに一歳六か月になりました。上の子たちが〝母さんいつまでおっぱい飲ませているの！〟と言ったこともあり、断乳することにしました。いつものように、子どもと遊んだあとで私の膝に駆け上がった子に、私が上着を持ち上げて母乳を飲もうとした子に、おっぱいを見せたとたんに、子どもはびっくりして飛び上がりました。部屋の隅まですっ飛んでいってから、台所にいるお祖母ちゃんの所へ、言葉にならない声をあげて知らせにいきました。その姿を見ていると、胸を突かれ、〝ああ、これで母と子の一段落が終わったのだ〟という思いで目頭が熱くなりました。涙にかすんだ目に、へのへのもへじが描かれた乳房が何かこっけいでグロテスクに見えました。

さて、それからの子どもの様子はと見ると、別にこわがっているふうでもなく、泣きもせず、ぐずりもせず、一人でコロコロとよく遊んでいました。

〝おいで〟といって、やってきた子を抱いてやりますと、私の顔や首などいつもよりよく触りました。しかし、〝パイパイ〟といって前のように母乳を欲しがることはありませんでした。それから以後、食欲が出てよく食べるようになりました。上の子たちが〝本当に、おっぱいを飲んでないの？〟と驚き、いぶかしがるほどでした。昨日まで夜も母乳を飲んでいたなどとはとても思えないくらい、ぜんぜん欲しがりませんでした。私のほうは、乳房がまるでお産のあとのように、パンパン張って、その痛くてつらいことといったらありませんでした。我慢しかねてもう一度飲んでくれないかと願ったほどでした。でも、子どもは母乳を欲しがる素振りも示さず、これにはまったくの驚きで、少しあっけなさすぎて寂しいような気持ちでした。

断乳後の赤ちゃん

断乳後の赤ちゃんについての注意を、お話しします。

一つには、赤ちゃんは断乳後、異常食欲が出ることがよくあります。驚くほどよく食べるようになることが多く、それに合わせてどんどん食べさせていますと、お腹をこわしますので注意が必要です。断乳後は、特に水分と糖分を補給するようにしましょう。

母乳は八八％が水分で、おっぱいを飲んでいるあいだは、母乳から水分を十分に摂れますが、断乳後はその分の水分を補給しなければなりません。母乳の糖分（乳糖）に代わる糖質も少し補給しましょう。桶谷先生はさっぱりした甘味の糖分をやりなさいと言っています。断乳後二〜三週間は細心の注意が必要です。一か月もしますと、ほぼ落ち着いてきます。

二つめは、断乳後はおっぱいは欲しがりませんが、授乳しない分抱っこしたり、ほおずりしたりしてタッチングを多くし、一緒に遊ぶようにしましょう。断乳しますと、コロコロとよく一人遊びもできるようになりますが、良い子でいるからといって、放っておくのではなく、努めて声をかけ、ゆっくり抱いてやってください。特に、断乳した日は眠くなるまでよく遊ばせて、眠る前にミルク（牛乳が飲めていたら牛乳を温めて）を飲ませて寝かせます。

多くの場合、最初の晩と二日目の晩だけは、いつも母乳を飲んでいた時間にグズグズいうことがありますが、決しておっぱいを飲もうとはしません。欲しがればミルクなど飲ませればいいのですが、ほとんど飲まない場合が多いようです。三日目の晩になりますと、グズグズいわなくなります。

断乳後のお母さん

断乳後のお母さんの乳房の処置について述べます。二日目には乳房が、産褥期のように拡張します。痛くてつらい時には、少し搾乳してください。疼痛が激しい時は、水で冷やしてもいいですが、氷は使いません。水で冷やしますと乳腺組織をいためます。断乳後のしばらくのあいだは、なるべく高カロリーの食事は食べないでください。できればですが、断乳はなるべく夏季を避けたほうがいいのです。暑い季節は分泌が盛んで断乳には不向きなのです。

断乳後三～四日目に、第一回目の断乳後療法を行います。これは桶谷式手技認定者の助産師さんにやってもらいます。一回目の手技後一週間～十日目頃に二回目の手技をします。そのあいだ、一日に一回は搾乳をしておきます。二回目の手技後、約一か月して三回目の手技をします。そのあいだ搾乳する間隔を少しずつあけていき、二～三日に一回から四～五日に一回というふうにしていきます。断乳しますと乳頭も冷たく硬くなります。約一か月もしますと、乳房はすっかり萎縮して分泌は見られなくなります。

桶谷式断乳法では、氷も使わず、分泌抑制剤なども使わないで断乳できるのです。このように断乳をしておきますと、次回妊娠し、授乳する時にも乳房の基底部は悪くなっていません。断乳後は、また妊娠しやすくなりますから、受胎調節には、注意が必要です。断乳した年には、お正月の餅など高カロリー食を食べ過ぎないように注意しましょう。

桶谷式断乳法は、あくまでも乳房組織に無理をかけないという方法で、母子の健康に留意して進められます。時々断乳後赤ちゃんの健康状態が悪くなる場合があります。その時には桶谷式手技によっておっぱいが再び出るようにして、もう一度母乳を飲ませ、しばらく様子を見たあとで、赤ちゃんの状態が良くなってから断乳します。

このように、母乳哺育は、初乳に始まり、断乳に終わるのです。

XI

現代の母乳哺育

母乳哺育は時空を超えて

ある日、前に勤めていた長野県の保健所の保健師さんから久しぶりに電話がありました。

「先生、私たちの保健師研修会で、母乳哺育の話をしていただけませんか?」

20年間、〝生まれてくる子はみんな母乳で育てましょう!〟をスローガンにして、母乳哺育の推進に取り組んできた仲間です。なぜ、今頃?と不思議に思いました、「先生、最近の若い保健師たちが〝お母さんに母乳、母乳と言わないようにしている〟と言うのです」

「えっ! どうして?」

「〝お母さんにストレスになるから〟ですって」

「それは、大変！　都合をつけて行きますよ」

出かけていって、なぜ母乳哺育が大切なのかを話しました。保健所を出て十年になります。私と一緒に仕事をしてきた保健師さんも定年退職の人が多くなり、集まった保健師さんは知らない顔の若い人ばかりでした。

保健師の資格を取る過程では、当然ながら母乳哺育についての教育を受けてきたはずです。

子を産んだ母親にとって、生まれてきた子どもを母乳で育てるというごく自然の行為がストレスになると考えるのが現代社会のようです。それはおかしいと気づかないようでは、母と子の真のヘルスプロモーションが何であるかがわかるはずがありません。同じ地域保健に関わる者として、こうなったことへの責任を感じました。母乳哺育はごく一部の限られた人のものではありません。地球上のあらゆる場所で子を産んだ女性なら誰もができるはずの自然な行為です。もしそれができないとしたら、その原因は個人の問題だけではなく、政治、経済とも関連した社会問題としてとらえ、解決していかなければならないことです。

現代は確かに多様化の時代です。女性の生き方も多様化しています。個人としてはどのように生きようと自由ですが、子どもが生まれ母親になった時には、子の母親として、社会に対し責任があります。子どもは母乳哺育を選ぶことはできません。母親は特別な理由がない限り、産んだ子を母乳で育てることは、ごく自然な行為です。

母乳哺育は女性だけの問題ではありません。生まれてくる子どもと私たちみなの未来がかかっています。未来を夢と希望にあふれた健全なものにするためのスタートが母乳哺育だと思います。

人間が生物学的にヒトとして生まれ、社会に生きる人に育っていくためには母乳哺育が必要です。安心して子どもを産み、母乳で育てることができる社会を地球規模で創っていくことは人類にとって重要なことです。地球上に人類が現れてから、今日まで人類が生きつづけてこられたのも子を産み、母乳で育てることが守られてきたからだと言っても過言ではありません。これからも子を産む親と、生まれてくる子どもの命を守る母乳哺育が保障されることが、人類の未来につながります。

先進国も、開発途上国も等しく、安心して子どもを産み、子どもが生まれたら母乳で育てる、母乳で育てられる、そのような社会をみんなで築いていかなければなりません。貧しく、生活環境が十分でない国ほど母乳哺育は重要です。

子を産んだ母親が誰でも母乳哺育が可能になるやり方の一つが、桶谷式手技です。現在、バングラディッシュのお母さんたちに桶谷式手技で母乳哺育ができるようにすることに取り組み、成果をあげてきています。桶谷式手技には速功性があります。桶谷式手技を確実に広めていけば、地球上のどこにおいても母乳哺育を願う母親の手助けになると思います。地球上に人類が存続する限り、人類の健康と幸せの未来のために、母乳哺育は時空を超えて！

桶谷式手技を受けたい人のために

桶谷先生亡きあとに、桶谷式乳房管理法研修センター（東京校）において研修生の養成をつづけてきました。現在まで認定者（助産師）は４００人以上になりました。

桶谷式手技を受けたい人は研修センターに連絡してください。最寄の認定者を紹介いたします。

桶谷式乳房管理法研修センター
〒一六二‐〇〇四四
東京都新宿区喜久井町二〇‐八
オケタニ早稲田ビル
TEL：〇三‐五二九一‐一〇二〇
FAX：〇三‐三二〇三‐五〇〇八

あとがき——私と母乳哺育——

母乳哺育を勧めてきて三十五年になります。

母乳で育てた五人の子ども、そのお友達も親になり、母乳で育てたいと『母乳哺育のすすめ』を手にしてくれました。

母乳で育てるというごく自然な行為が、ファッションや好みではなく当たり前の育児文化として引き継がれていくことを願い、前書を見直しました。基本的に変わりはありませんが、桶谷そとみ先生が考案なさった乳房管理法の理論と技術を学んで実践できる助産師さんが増えたことは喜ばしいことです。桶谷式手技によるお母さんへの支援は間違いなく効果をあげています。

桶谷式手技が後世に残ることを願って桶谷先生は研修制度を始められました。桶谷先生の御遺志が実を結び、日本のみならず世界の母乳哺育を希望し必要とする国々へ伝えられることを願っています。

見直しの機会を与えてくださった地湧社の増田正雄社長に心から御礼申し上げます。また、三十五年間そばで温かく豊かな母性で見守り、励まし、支えてくれた義母に感謝します。子どもたち、かけがえのない未来をあなたたちに託します。そして、軌道を逸しないように大きく支えてくれた夫・誠へ心からありがとう！

この青い星、地球に新しい命が生まれつづける限り、どの命も母乳で育てられることを願って……。

二〇一一年二月

小林美智子

【著者略歴】

小林美智子（こばやし　みちこ）

1939年、富山市生まれ。信州大学医学部卒。専攻、小児学。長野県伊那保健所長、長崎県立長崎シーボルト大学教授を経て、現在、活水女子大学看護学部教授。小児保健のうち、特に母乳哺育推進に努める。

母乳哺育のすすめ

1983年10月10日　初版発行
2011年 9月15日　改訂版1刷発行

著　者　小林美智子　
発行者　増田正雄
発行所　株式会社　地《ち》湧《ゆう》社
東京都千代田区神田北乗物町16（〒101-0036）
電話番号：03-3258-1251　郵便振替：00120-5-36341

装　幀　塚本やすし
印　刷　モリモト印刷
製　本　根本製本

ISBN978-4-88503-213-4 C0047